# 多田富雄コレクション

# 5 寛容と希望

## 【未来へのメッセージ】

【解説】最相葉月・養老孟司

藤原書店

東京大学退官直前、教授室にて（1994 年 3 月 16 日、撮影・宮田均）

詩の同人雑誌をつくっていた学生時代
(1953 年頃、撮影・永井俊作)

奈良にて、親友の永井俊作と共に

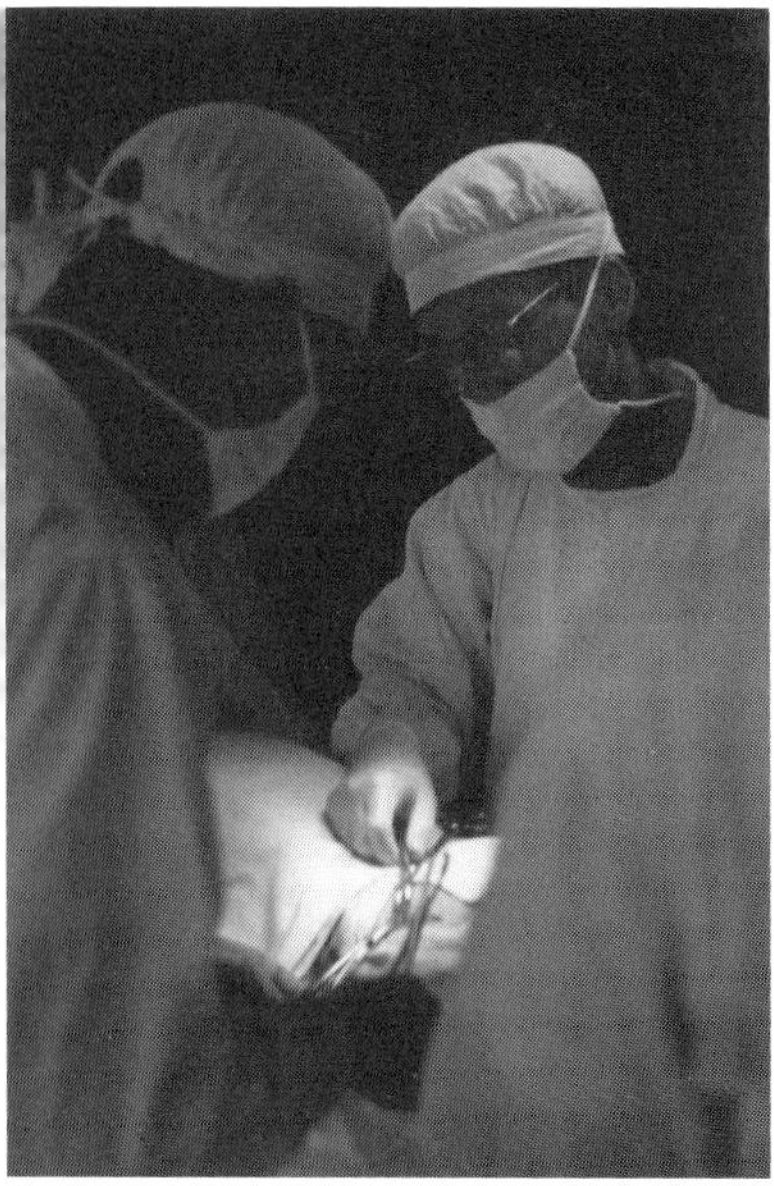

インターン時代(1959 年頃)

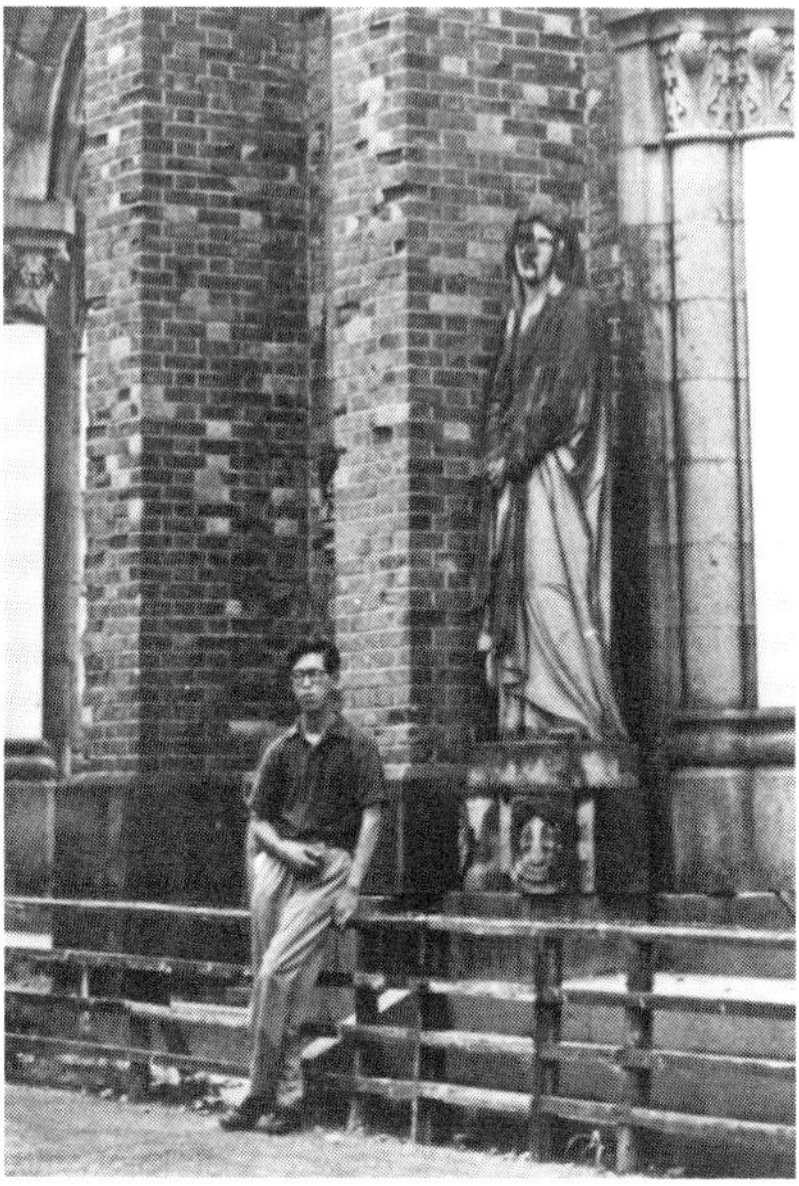

長崎・浦上天主堂の「被爆のマリア」の
前にて(1954 年頃)

デンバー小児喘息研究所への留学時代、テクニシャンたちと共に（1960年代）

長男・久里守、長女・幸、次女・紋とともに
（1973年頃、千葉公園にて）

東大の研究室の学生たちと（1980 年代後半）

自宅そばの本郷通り沿いを散歩（2009 年 10 月、撮影・宮田均）

# 多田富雄コレクション5——目次

## I 見知らぬ少年 …… 9

〈詩〉アフガニスタンの朝長《ともなが》　友枝昭世の「朝長」を見て …… 11
〈詩〉神様は不在《るす》 …… 17
〈詩〉オートバイ　ケンタウロスに捧ぐ …… 21
〈詩〉弱法師《よろぼうし》　森山開次のコンテンポラリーダンス「弱法師」と、故高橋進の能「弱法師」の記憶とともに …… 26
〈詩〉見知らぬ少年 …… 30
〈詩〉リトルリーグ …… 33
〈詩〉黄金《こがね》の夕陽　若くして逝った友永井俊作に …… 37

## II 回想 …… 43

わが青春の日和山 …… 45
戦後初めての少年 …… 48
指《および》が池 …… 52
迷惑のすすめ …… 56

涙の効用……58
遠い夏の日の川……60
人それぞれの鵺《ぬえ》を飼う……68
百舌啼けば……105


## Ⅲ　若き読者に……109

世阿弥著『風姿花伝』（花伝書）……111
聴診器……114
新・新人類……116
時間の時速……118
性とはなにか……120
鳴らない楽器……138
人それぞれの時計……142
生命と科学と美――理科が嫌いな中学生の君へ……145
能と日本人の個人主義……157

見者《ヴォワイアン》の見たもの　162
頬を撫でる風――二十一世紀の元旦に　164
皇室　168
少年に教えられた命の大切さ　171
家族と正業　生活の両輪　173
小林秀雄の読み方――若き読者のために　176

## Ⅳ　科学と医学の未来　181

科学ジャーナリストの育成を――私の紙面批評　183
全体をみることは創造につながる――生命科学の地平　186
先端医療と医学教育　198
職業としての医師の変貌　201
救死という思想　206
近代医療に欠けているもの　211
病院ってなに　213

水俣病という「踏み絵」……215
理科系と文科系……217
教養とは何か……219
ゲノム解析と教育……222
中等教育の目標……227
若き研究者へのメッセージ——教えられたこと、伝えたいこと……229

〈解説〉未来のサイエンスの担い手たちへ……最相葉月 249
多田富雄さんの世代と生き方……養老孟司 263

初出一覧 275
多田富雄 略年譜（1934–2017） 279
多田富雄 主要著作一覧 286

編集協力・笠井賢一
多田式江

# 多田富雄コレクション 5

## 寛容と希望——未来へのメッセージ

## 凡例

一　底本における明らかな誤字脱字は訂正した。

一　可能な範囲で表記の統一を行った。

一　振り仮名は、底本における有無に関わらず、読者の便宜を考慮して加除した。

一　本コレクション編集部による補足は〔　〕で示した。

# I　見知らぬ少年

# アフガニスタンの朝長《ともなが》

友枝昭世の「朝長」*を見て

地雷で脚を失った少年は
青空の下に廃兵のように横たわった
空は地平まで続き
耳元では虻《あぶ》の羽音が聞こえた
夏までは砂漠を渡る風のように
砂を蹴って走った脚は
ひざから下がなかった
もう片方の足も

枯れ木のように折れ曲がった
少年は木の松葉杖にすがって
ミイラが歩き出すように
一人で草原まで来た
病院の友達もみんないなくなった
虻の羽音に混じって
遠くでヒヨドリの声が鋭く聞こえた

あれはいつだったか
まだ停戦協定が結ばれてない春
国境に近い有刺鉄線を越え
山の頂まで羊を追って上ったが
鳩が雪の上で
松の実をついばんでいた朝
彼は踏んだのだ　地雷を

突然天と地が弾け飛び
乗った驢馬《ろば》が跳ねかかったように
燃えたぎった石油だまりに落ちこんだ
鋭い痛みが走ったかと思うと
後はボートで空中を漂う夢を見ていた
眼覚めたとき
右足の膝から下は無かった
ぐるぐる巻きの包帯を解くと
血の付いたガーゼに
真新しい肉片が覗いていた
骨は胡桃の実のように砕けていた

（さるほどに朝長は、都大崩《みやこおおくずれ》とやらんにて膝の口を射させ、とかく煩わせ給いしが、
夜更け人静まって朝長の御声にて、南無阿弥陀仏と二声宣《のたま》う、こはいかにとて鎌
田殿参り、朝長の御腹召されて候……）

母に残されたのは一枚の写真
魂が吸い込まれそうな青空の下
墓に行って子供の名を呼び
花で覆っては地面に体を投げつけ
変色した写真をかき抱いた
蒼茫とした野原に
赤土の道が地平線まで続き
夕煙の一片の雲が逃げ去った後は
面影の色も形もなかった
ただ取り残された廃砲が
地平に向かって砲口を開いていた

(死の縁の、所も逢いに青墓《おおはか》の、跡の標《しるし》か草の陰の、青野ヶ原は名のみして、古《ふる》葉《は》のみの春草は、さながら秋の浅茅原《あさぢわら》、萩の焼け原の跡までもげに、北邙《ほくぼう》の夕煙、

一片の雲となり、消えし空は色も形も亡き跡ぞ哀れなりける）

遠い戦火の声
軍靴の響き
喪の声
爆撃された廃墟
どこに行っても同じだ
アフガニスタンだって都の大崩だって
カブールの母の嘆きは
青墓の宿の女主人の後ろ影となって
時空を超えて一枚の絵の中にある
カイバル峠に続く草原の道に
指抜《さしぬき》をはいた源の朝長が
片足を引きずりながら歩いてゆく

＊朝長　平治の乱に出陣した源義朝の次男、十六歳の少年朝長は、都大崩の戦さで膝の口を射られて重傷を負った。美濃の国青墓の宿まで落ち延びるが、足手まといになることを恐れて、自刃して短い生涯を終えた。それを悼んだ青墓の宿の女主人の前に、少年朝長の幽霊が現れ、悲惨な戦いを物語り、弔いを求める。

# 神様は不在《るす》

白い枠のドアは
海に向かって半開きになって
風がレースのカーテンを揺すっていた
波の音に砂がさらさらと流れた
ドアには斜めの日ざしがあたっている
部屋には長い間ひと気がない
沖で三角波が立って
ヨットが波と格闘していた

白い枠のドアは
海に向かって半開きになって
女神の裾のようなカーテンがなびいて
視界から逃がれようとしていた
空気が海燕のにおいで満たされた
でも中にはだれもいない

太陽は傾き
白ペンキで塗られた枠のドアが
くっきりと影を伸ばしている
風がドアをバタンバタンさせる
貝殻がひとつ
パチンと音を立てて砕けた
旗は中空にはためている

「留守だよ」と
誰かのしわがれた声が聞こえた
あれはアルメニア人の老料理番に違いない
彼が料理したアメフラシが
極彩色のマリネになって
楕円形の絵皿に
海ホオズキのサラダとともに
テーブルに並んでいるだろう

巻貝の殻の無限の迷路に
私は迷い込んだようだ
どこまで行っても出口はない
三半規管の障害者である私は
ネプチューンの呪詛を

受けなくてはなるまい

海が白く光った
白ペンキの枠のドアの
向こうの海にはだれもいなくなった
ドアの前の三角形の陽だまりには
皮のサンダルが脱ぎ捨てられたままだ
神はとうとう現われなかった

# オートバイ

ケンタウロス*に捧ぐ

君がオートバイで走るとき
天と地は緩やかにカーヴしながら
過去へと逃げ去ってゆく

君はスズメバチが
獲物に襲いかかるように
巣から弾き出される
意を決して飛び出す狙撃兵は

目標を追い詰める

速度がぐんぐん増すと
空のゆがみは極点に達し
君自身はぜんぜん動かなくなる
行く手は白い平面に過ぎない
いつしか君はレスラーになって
時間をねじ伏せている
カウントスリーで光速を超えたとき
君は神になってすべてを許す

光はますます速くなり
すべては一点から飛び出し
無限の広がりに拡散してゆく
行く手はすっかり青ざめ

背後のピンクの海に溶けてゆく
アインシュタインの言ったとおりだ

オリンポスの神の伝令さながら
君はただ疾走する
謎の飛行物体になれば
もう地面など蹴ってはいられない
茜色の空が
蓮華草の花畑のように広がり
湾曲して消えてゆく大地にも
君は優しく
空からスミレの花束を降らせる

君はただ走る
移動するヌーの群れのように

目的もなく希望もなく
前方さえも見ないで
ただ突き破った風だけが
君の存在を保証する

君は知っている
この風のような自由を乗り越えれば
先にはもっと空虚な
熱病が待っているのを
しばられた孤独に
いま君はひたすら耐え続けるだけだ

さよなら
満月にむかって
君は手を振って

攻撃に向かう特攻兵のように
湾曲する地球のむこうに
カーヴ球のように消えていった

＊ケンタウロス　ケンタウロスはオートバイ・ライダーの集まりである。現代の武士を自認するこのライダーの会は、私の新作能「一石仙人」をプロデュースするなど、多彩な文化活動も行っている。彼らの風を切って疾駆する姿に、歩けない私も血を躍らせる。

# 弱法師《よろぼうし》*

森山開次のコンテンポラリーダンス「弱法師」と、
故高橋進の能「弱法師」の記憶とともに

下人非人とさげすまれつつ
少年の姿の阿修羅像のような
無垢の裸身をさらし
俊徳丸は見えぬ眼で虚空を凝視した
かなわぬとは知りながら
まるで獣のように
はだしで奈落の底を這いずり回った
挙句は手を合わせて

涙ながらに慈悲を乞うたが
絶望の果てに縄につながれ
口をあいて喚きながら
四つん這いとなって
救いのない暗穴道を引かれていった

と
どこからともなく梅の香が聞こえた
掬《すく》って飲んでみれば甘露の味がした
遠くで天王寺の鐘の声がした
見えない眼で見上げれば
飛天のごとき女人が
芳しい裳裾を翻して
天上にあった

あの光り輝く菩薩のような肢体は
救いとばかり思ったが
五十六億七千万年の闇の中では
牛頭《ごず》明王《みょうおう》の呪縛となり
重くのしかかるばかりだった
梅の女人は
指の間から逃げる砂に似て
香りだけを残して遠くへ去った

遊行聖人曰く
極楽浄土は貧者の所有物と
だがあれは
断末魔の悲しみ
刹那の歓びに過ぎなかった

人間は木の台のように
泥に捨てられて朽ちる

天竺の下人のやり方で
括《くく》り袴の裾を前に手挟《たばさ》み
鞭のような杖で地面を叩きながら
轍《わだち》ばかりの泥道を
五色の紐に引かれて歩いていった
その顔には永遠の歓びが
果てしない苦悩とともに
彫りこまれていた

＊弱法師　讒言により家を追われ、病で盲目になった少年俊徳丸は、弱法師と呼ばれる乞食となり、施しを受けるために天王寺にやってくる。梅の香に春を偲び、見えぬ目で見る難波の落日にしばし日相観の恍惚を体現するが、狂乱して悲惨な障害者の生き様を見せる。

# 見知らぬ少年

君が机に向かって製図をしているとき
肩越しに立って覗いている
見知らぬ少年がいる

彼は百年の少年
君の先祖の少年だ
彼は君の未来を知っている
君が死んで

君の孫の同じくらいの年齢《とし》の少年が
大きな涙をためてすすり泣いているのを
ドアの向こうにたって
険しい眼で見守っている

君がしゃがんで
鉢に球根を植えているとき
脚立に腰掛けて見下ろしている
夏の日が斜めに
日焼けした顔を照らしている
明治三十五年の夏
泳ぎ疲れてほてった頬で
白絣《しろがすり》の裾から脛《すね》を覗かせて

なぜか君は知っている

少年が途方にくれているのを
彼が青雲の志を抱いて
挫折したことを

君が公園のベンチで
過ちを嘆いていたときも
少年はブランコを揺らしながら
遠目で見つめていた
でも諦めたように黙って立ち去った

それから少年は帰って来ない
だれもいないブランコがひとつ
風に揺れている

# リトルリーグ

ぼくがウィーリーのピンチヒッターだなんて
いやなこった
という反抗も捨ててバッターボックスに立った
うまごやしの生えた埃だらけのグランドで
ブルータスのように悲壮になる

天使の心をととのえて
タンポポの毛のように軽くなったその時

監督のメルが叫ぶのだ
バントだバントだ
えっバントだなんて

心弱くも
あの歓声に逆らうことなく
ぼくはゆっくりとバントの構えをとる
バットの向こうにすべての世界がある
ぼくは孤独に立ち向かっていた
血を流す覚悟だった
こんなバントのために悲しくさえあった

ランナーのマサシが二塁に走った
ぼくはああぼくは球をまさしく内野にはじいた
球は埃っぽい土の中に走りこんで

クルクルと回って見えなくなった
大歓声を後にしてぼくは走った
セーフ
ぼくの発達しかけた胸の筋肉が
夕やけ空に跳びあがろうとするとき
あの歓声は痛かった
悲しくさえあった
ぼくのはちきれんばかりの頬を激しく打った

ぼくは知っていた
ウィーリーのピンチヒッティングの結果であることを
ぼくの実力ではないことを
それが本当の結末であることを
ぼくはかっ飛ばしたかったのだ
バントなんていやだったのだ

喝采なんか浴びたくない
茜色の空に向かって
ぼくは妙に悲しくなった
大げさに恩寵なんかないんだと
はじめて悟ったのだった

# 黄金《こがね》の夕陽

若くして逝った友永井俊作*に

さらばよさらばやし、
静かに回せば黄金の夕日、
野にも山にも、いざや。
（北関東のわらべ歌）

オー君は
桑の木の間を吹き抜けてきたな
君が風でなかったとはだれにも言えまい

去るものは速い
君が逝ってから
はや何年たったのか
その間にぼくは何をしたのか

桑畑の向うに金色の陽が落ちる
蓮華畑は一面の黄金の海
花を摘んで王冠を編もうよ
白い蓮華に赤い蓮華
王冠を編んで君に上げよう

四月は君が病気になった月だ
君の車に蓮華を飾り
君を乗せて遠くへ行こう

回せや回せさらばやし
黄金色の陽が落ちる

野も山も金色に染まった
学校近くの教会堂も
踏み切りのそばの観音堂も
回りながら影を伸ばし
金泥の夕暮れに溶け込んでゆく
子供らは輪になって唄う
さらさらさらばやし
静かに回せさらばやし

西を向いて手をかざせば
桑の木に射し込む夕日に
視野の欠けた眼の片隅で

制服を着てベレーをかぶった
君の顔が見えたのだが

オー君と一緒に吹き抜けた青春
君が風でなかったとはだれにも言えない

桑の根元に横たわった君
目を細めて
笑ったように見えたのだが
それもつかの間
まぶしいばかりの夕日に
ハレーションを起こして見えなくなった

回せや回せさらばやし
静かにまわせば黄金の夕日

野にも山にも
いざや

＊永井俊作は旧制茨城県立水海道中学校の同級生だった。付き合いは彼の死ぬ瞬間まで続いた。画家を志し東京芸大に入ったが、彼の興味は絵画にとどまらず、詩作から物理学、そして新しい原理での機械の発明に及んだ。不幸にして上顎癌を発病して、四十五歳で死んだ。私は彼の苦痛に満ちた闘病に、三年あまり毎日欠かさず付き合ったが、死んだ後は半身を失ったような思いであった。俊作こそは真の天才、私の Il migliore fabbro（よりたくみな工人）であった。今でも身を切られるような悲しみに襲われる。

# Ⅱ　回想

# わが青春の日和山

酒田の日和山《ひよりやま》に案内されたとき、私は「どこかで見た風景だな」と一種の既視感に捕らわれた。そこがどこであったか、にわかには分からずに捨て置いたが、今になって分かった。

医学生のころ、私は東京近郊の下宿から総武線の電車に乗って千葉まで通っていた。まだ戦後のにおいがしていたころだった。だれでもそうだが、二十歳になるかならないころには、悩みが多かった。

今では幕張メッセとして、高層ビルが連なる人工の町になってしまい、海も埋め立てられて、はるか遠くになってしまった。幕張という小さな駅を過ぎて五分もたつと、一瞬右手に視界が開けて青い海が三寸ばかり見える地点を通過する。たった二秒か三秒のことだった。私はその地点が近づくと、読んでいた本から眼を上げてその三寸の海に眼を凝らした。

よく一緒になるロシア人の混血の少女が、「ああ、海が見える。海が見える」と電車の窓に顔を押し付けるようにして叫んだのを今でもありありと思い出す。

私はある夏の日、ふと思いついて幕張で途中下車した。海の見える地点を確かめようとしたのだ。

ローカルの駅を降り、少し歩くとあの海が見えるはずのところに出る。徒歩では低くてまったく海は、見えない。そこは狭い砂利道で、切り通しの坂道が海に続いていた。少し歩くと京成電車の踏み切りがあった。その手前に、松の木が生えた空き地があり、そこは神社の敷地であった。トタン葺の粗末な神社だった。常夜灯と書いた石灯籠が、むき出しの地面にぽつんと置かれていた。神社を過ぎて、道はゆるいスロープで海に面した貧しい漁師町に続いていた。

私はそこで休息し、何か思いに耽っていたらしい。人っ子一人通らなかった。せみ時雨の夕方だった。酒田の日和山で見た幻は、この体験時の既視感である。

この神社も、酒田の日和山と同じく、海の安全を祈り、常夜灯は東京湾を航海する漁師の目印になったに違いない。

昔は海の見える丘には、必ずこんな神社があったのであろう。日和山は、名前は違っても、海に近い里にはどこにでもあったものだろう。酒田のように、夕日を受けてきらきら輝くことはなくとも、この丘も南の日差しを受けて、東京湾を航行する漁船を眺め続けてきたに違いない。

それに、あの日の私を考えると、それが何か思い出せないが青春の悩みを抱え、海の見える丘の神社の空き地で思い悩み、行く末のことを考えたに違いない。日和山は、どの里でも若者にとって、人生の航路を考える場所でもあったろう。そこにきて捨てなければならぬ憂鬱や、決めなければならぬ航路もあったのではないか。日和山にはそういう役割もあったはずである。

今、幕張あたりはハイテクのビルが林立し神社のあったあたりは高速道路で海からは遮断されてしまった。海ははるか遠くなって見ることもできない。私の日和山は跡形もない。

若者は今、どこに考える場所を見つけるのであろうか。憂いをどこに捨てるのだろうか。そう思うと、あの日の日和山がいとおしいものに見えてならない。

# 戦後初めての少年

横浜に住んでいるシイナ君から久しぶりに手紙が来た。シイナ君と私は、終戦直後の昭和二十二年ごろ、茨城県の小さな田舎町にあった旧制県立水海道《みつかいどう》中学校の同級生だった。翌年には、学制改革で、学校は新制高等学校となり、私たちは付設中学の生徒となった。

私たちは三年生まで下級生というものがなく、次の年は自動的に新制高校の一年生に編入された。だから卒業したときは入学した県立中学はなかった。

私たちは不思議な混成学級だった。というのは、私のような田舎の子と、シイナ君のような都会から疎開してきた子が混じっていたからである。一見してわかるほどその差は明瞭だった。でもそれが差別やいじめにつながることはなかった。茨城弁と東京語と、二種類の言葉が共通に使われていた。同時に田舎の文化と都会の文化が交流する場であった。

生徒たちばかりではない。先生たちも、戦争で大学を離れていた若いモダンな学者や、旧制中学のころの博物学や漢文のいかめしい教諭がいた。そこで私たちはようやくこの国に根ざし始めた、自由な空気を胸いっぱい吸って学び育った。

シイナ君の手紙は私からの近況報告を受けて、こんな言葉から始まった。

「ほんとに手紙ありがとう。涙がこぼれそうになりました。確かに君の言うように、私にとっても水海道が人格形成の原点です。

今も楽しみとしている音楽・文学など全てが、その時期が源ですから……。君の下宿で聴いた君の叔父さんのレコード。ゲルハルト・ヒュッシュの『冬の旅』、エーリッヒ・クライバーの『田園』の延長線上に今の僕があるのです。

そう、君と授業中に『チャタレイ夫人の恋人』を回し読みしたことや、太宰治の本に触れさせてもらったことが、僕の知的な関心を育ててくれたのです。疎開もなく君と会わなかったら、どんな人生を送っていたのだろうかと振り返るとき、君との出会いに感謝しているしだいです」

読んでいるうちに、私の眼前には十三歳の少年時代の風景がパッと広がり、胸が熱くなった。そうだ。そんなこともあったのだ。バリトン歌手のゲルハルト・ヒュッシュもチャタレイ夫人も、あのころに経験した。それまで戦争のカーキ色に染まった幼年時代を送ってきた私たちにとって、この中学に入ってから知ったことは、すべて別世界だった。

私たち、というのは昭和八年から九年生まれの世代だが、ひょっとするとそれは戦後初めての少年だったのではないだろうか。少年なんてその前にもいたといわれるだろうが、私たちの前には軍国少年とか、愛国少年とか、何か形容詞が影のようにつきまとった少年がいた。少年というには影のほうが強すぎる、予科練くずれとか士官学校帰りなど、戦争の匂いのくすぶったまるで違った人種が上級生にはいた。

そんな戦争の匂いは私たちにはもうなかった。混乱はまだあったが、自由というものをしっかりと手にしていた。どこの国の少年とも同じように、何にでも興味を持ち、ためらいはなかった。

私たちは荒れた野山を駆け巡り、食糧難にあえぎながらも、精いっぱい背伸びをして知識をむさぼった。きっとあれが戦後初めて、少年らしい少年だったに違いない。世の中は貧しかったが、今よりずっと豊かな少年時代を私たちは送った。食糧難でひもじかったし、巷《ちまた》には闇市、アメリカの進駐軍も跋扈《ばっこ》している時代だった。

あれからシイナ君たち、疎開していた少年は都会に帰り、田舎にはまた退屈な時間が戻ってきた。でもいったん知ってしまった田舎にはない世界は、ずっと私たちの背中にくっついてきた。私は音楽に熱中し、ピアノやクラリネットを一人で習った。油絵をへたくそながら描いたし、本気で詩人になろうと詩作に専念した。

シイナ君は東京工大に進み一流会社に就職した。同級の疎開少年には、東大を出て外交官になったのや、夭折した画家や詩人もいた。田舎に残された少年の中にも、大学教授や画家が育った。実業家として成功した者もいる。

それぞれがこの五〇年余を存分に駆け抜けた。いわゆる変革期の中心にいた人物だったし、経済成長を成し遂げた戦士でもあった。シイナ君もその一人だった。そのエネルギーのもとはあのころの経験である。

戦後初めての少年たちは今七十歳になろうとしている。その前後の、どの世代にもまして、それぞれに少年時代の思い出を懐かしんでいる。その後に遅れてやってきた、もっと屈託のない、いわゆる戦後派世代とも違っている。屈折はしていたが、初めて自由を手にした者であったことに初めて気づいた。それは私たちの原点であったと同時に、戦後日本の原点でもあったのである。

# 指《およ》が池

うち続いた熱帯夜のせいか、私の肉体は強健な二十代の青年になって、四〇年も前の夏の日の夢を見た。

四〇年前、私は二人の友人と、佐賀県に住むもう一人の友人の家にいた。教養学部を終えて、医学部の専門課程に入った年だから二十一歳だったと思う。

三カ月近い夏休みなので、私は下宿を引き払って敷金というのを受け取り、さらに家から三カ月分の下宿代をもらって、それが旅行の資金だった。二人の友人もそれぞれなにがしかの金を作って、寝台車で博多まで来た。ひとまずT市の友人の家にころがり込み、そこを根城に九州を旅行しようという計画だった。

いま思うと、その旅は私にも友人にも、危険な断崖を飛び越すための旅だったのではないかと思う。一人の友人M君は、この夏休みのあとで、医者になるのをやめて文学部に移ったし、T市で宿を提供したH君はまだ浪人中で、京大受験のため遊びどころではなかった。画家のS君は、同人雑誌で知り合った女性とどうやって切れるかで悩んでいた。私の方は、医学部に入ったものの解剖など嫌いで、自分が医者に向かないことを実感していた。みんなどちらに向かって足を踏み出したらいいのかわからない、そういう不安の時期だったと思う。

三人もの頑健な青年が、大事な受験生をかかえている一家に転がり込んで、二階でゴロゴロしていたのだから、H君の家もおだやかではなかったらしい。私たちは大飯を喰らい、気がむいたら何日も九州学割周遊券で旅行し、突然汗と埃だらけになって帰ってくる。夜は早くからビールを飲んで、昼ごろまで寝ている。急に家をあけると、韓国岳《からくにだけ》に登ったといって真っ黒になって現れるというのだから。

いま思い出してもその年は猛烈な暑さだった。クーラーなどはなかったころだから、四人の青年がゴロ寝していた八畳間は、蒸し風呂のようだった。町に巡業中の旅芝居をひやかしに行ったり、銭湯で遅くまで湯をあびたり、あげくの果てに焼酎をしたたかに飲んで泥のように眠った。何だか恐ろしい運命を前にして、しかしどうしようもない平穏を装っているかのようだった。

ふしぎなことに、それぞれの悩みをかかえて何か深刻な話をしたのかというと、そんな記憶はない。ただとりとめなく、ひたすら無為に過ごす努力をしていたように思われる。

その膠着《こうちゃく》を破るように、T市から二〇キロほど離れた温泉に行かないかとH君がいった。温泉は山の中にあって、たまに湯治客が来るほかはほとんど人気《ひとけ》がない。置き薬の行商をしている叔父さんがいるのでそこに転がり込もうというのだ。

私たちは、さっそくその温泉まで出かけて行った。ギラギラと照りつける太陽の下で何匹も蛇が死んでいるのを踏みながら山道を登り、草深い一軒家に着いた。

行商の叔父さんは無口な優しい人で、連日の遊びで筋肉が痛いというと、彼が特許をとったという貼り薬をくれた。山の温泉は新鮮だったし、山菜と川魚で飲んだビールも格別にうまかった。

翌日の午後遅く、猛烈な暑さと油蟬《あぶらぜみ》の責めに耐えかねて、裏の山に登ろうということになった。突き刺すような西日に射られながら登ると、村の子供に出会った。ここら辺りに川はないかと聞くと、上の方に池があるという。

私たちは細い山道を雑木をかき分けながら登った。すぐに瘤《こぶ》だらけの木の林に入ったから、かがまないと進めない。風が止まり、いつの間にか私たちは上半身裸になっていた。汗がダラダラと流れ、だれも口をきかない。

すると突然木立が切れ、そこにぽっかりとまあるい池が現れた。直径五〇メートルもない池である。池の水はトロンとした緑色で、水草が浮んでいた。風は止まり、水面は動かない。

私たちは、素っ裸になって池に飛び込んだ。しばらくあてもなく泳いでいたが、すぐにそれが気持ちのいいものではないことがわかった。ヌメヌメとまとわりつく緑色の水、周囲の森からさえ疎外されてしまった円い緑の池が、体温より暖かい水で私たちを包み込もうとするのだ。

気持ち悪い。上がろう、と私がいって土手に這いあがった。本当に気持ちが悪かった。私たちは手拭いを何度も絞りながら体を拭った。

すると、S君の首筋あたりに何か黒いものが動いていた。蛭《ひる》だ。それは色白のS君の首筋の肌にへばりついて血を吸っていた。ひっぺがすと、肩に血が流れた。蛭を思いきり地面にたたきつけると、私たちはそそくさとズボンをはき、急いでもと来た道を戻った。

木々のトンネルをこごみながら前進していたそのとき、私たちはこの年初めてのひぐらしの声を聞いた。それは身にしみるほど淋しい声だった。空が、もう赤くなっていた。

宿に帰って、温泉で体を洗うとようやく人心地がついた。行商の叔父さんに、上の池で泳いだことを話すと、叔父さんは驚いたようだった。

あれは「指《および》が池」といって、寄生虫がいるのでこのあたりの人は近寄らない。お前たちあそこで泳いだんだって。このあたりには恙虫《つつがむし》病が残っているんだ、と聞いて私たちはぞっとした。

その年の夏は、急に加速度を増して過ぎて行った。私たちはやがて東京に帰り、別人のようになってそれぞれの生活を始めたように思う。「指が池」のことも思い出すことさえなかった。

H君もS君も若死してしまったが、恙虫病ではなかった。しかし夢の中では、二人ともトロンとした「指が池」の緑色の水をかぶって、恐怖を知った強健な青年の体をしていた。

# 迷惑のすすめ

「ひとさまに迷惑をかけるような人間になるな」と子供のころ母親から教えられた。なんとなくそれは身についてしまったような気がする。おかげで自分の子供たちにも、他人に迷惑をかけないように教育してきたつもりだ。

しかし近ごろ過去のことを考えると、真っ先に思い出されるのは、他人に迷惑をかけた思い出ばかりである。アメリカにいたころ、水道の蛇口をしめ忘れて帰宅し、研究所全体を水浸しにしてしまったこと、前夜飲みすぎて飛行機に乗り遅れ、同行していた先生を激怒させたこと、解剖体の入っている遺体冷蔵庫で実験をして、病理解剖担当の先生を仰天させたことなど、数えあげればきりがない。

迷惑をかけられた方も数限りない。街で喧嘩した若い助手が、パトカーに追われながら深夜わが家の門をたたき、早朝までわめき飲みしていったこと、寒中酔っぱらってはだしで外に出ていったまま帰ってこない大学院生を朝まで探しまわったこと、酔って学生が盗んできた飲み屋の提灯を人知れず朝までに返しに行ったこと、大挙して押しかけてきて、大切にしていたワインのコレクションを大方飲み干して引き揚げていったにくいやつらなど、こちらも数え切れない。

しかしそれは、すべて私の最も懐かしい思い出に結びついている。迷惑をかけたり、かけられたりしながら、濃厚で味わい深い人間関係が作られてきたのだ。

人畜無害で、迷惑のかからないお付き合いしかなくなってしまっては、味気がない。最低限のルールさえ守れば、少々の迷惑をかけ合って、それを許し合いながら、印象的な出会いを作ることができるのだ。

親子の関係だってお互いに迷惑をかけ合うから濃密になる。子供たちに、「迷惑をかけるな」などというつまらない教育をしてきたことを私はいま悔やんでいる。

# 涙の効用

「冬の日　しづかに泪《なみだ》をながしぬ／泪をながせば／山のかたちさへ冴《さ》え冴《ざ》えと澄み／空はさ青に／小さき雲の流れたり」。若いころ愛唱した三好達治の「冬の日」という詩である。

今年（二〇〇五年）私は三人の愛する人を失った。一人は四〇年も付き合って、なんでも相談できたアメリカ人の免疫学の友達。先生みたいに尊敬していた人が、九十八歳で世を去った。九十八まで健康でいたのだから年齢に不足はないけれど、思い出すと悲しくてたまらない。

もう一人は、私が旧制中学のころ下宿していた叔父。戦後の混乱期に、クラシック音楽や英語を教えてくれた。最後の一人は最愛の弟子。壮絶な癌との闘いの末、道半ばにして五十九歳の若さで力尽きた。

老来《ろうらい》涙もろくなったので、思い出すと涙がとまらない。いっそのこと泣けるだけ泣いてやろうと、ある日しみじみと心行くまで泣いた。次から次へと思い出が湧き出し、そのたびに涙腺が膨らみ、鼻の奥がツンとしてくる。みるみる涙が溢れてくる。あの時ああもしてやればよかったと、悔やまれることばかりだ。

しみじみと泣いた後は、心が整理されて清々《すがすが》しくなる。東京からは山の形は見えないが、ビルの影さえ冴え冴えと見えてくる。「かくは願ひ／わが泪ひとりぬぐはれぬ」と三好は詩《うた》っているが、私も心が洗われたようになる。

翻って世の中を見ると、母親を毒殺しようと、苦しむ経過を冷静にブログに書き込んだ女子高生とか、幼馴染のガールフレンドを刃物で刺した男子生徒とか、殺伐としたニュースが飛び込んでくる。彼らは、しみじみと泣いたことがあるのだろうか。ひょっとして泣くことを忘れていたのではないだろうか。

そういう若者には、しみじみと泣くことを勧めたい。思い出せば、泣きたくなるような母とのできごとの一つや二つあるに違いない。ガールフレンドに冷たくされた恋の悲しみだって、泣く材料には事欠かないはずだ。

心を鋼鉄のように硬く覆って、決して泣かないように構えていないで、心行くまで弱々しく泣いてみなさい。しみじみと泣いた後は、山の形、ビルの影さえ、冴え冴えと見え、君の涙をぬぐってくれよう。心が整理されて、罪を犯す気などなくなるに違いない。

# 遠い夏の日の川

この原稿を書くために、四十数年ぶりで夏の鬼怒川のほとりを歩いた。私の郷里、茨城県結城市は栃木県境にある小さな町だが、その東側の単調な平野を鬼怒川は流れている。上流は紅葉で名高い渓流だが、このあたりでは水田の灌漑に利用されているだけである。

私は子供のころ、この川で泳いだり舟遊びをした。行ってみれば、思い出が沢山流れているはずである。それをもう一度確かめてみたかったのだ。

私たちが泳いだのは、隣町の下館市との境にある川島というあたりである。昔は古い木橋がかかっていたが、水が出るたびに流されたので、私の小学生のころにはコンクリートの橋にかけかえられていた。川の水量はふだんあまり多くなく、広い河川敷には雑草が生い茂っていた。砂利の川瀬が盛り上がったところはかなり広い洲となっていた。私たちは浅瀬を渡って洲に上がり、そこで水着に着替えて泳いだものだ。

コンクリートの橋脚の下あたりに少し深くなったところがあって、そこだけは水が暗く渦を巻いていた。水深は子供の背丈の倍もあるから気をつけろと言われていた。子供たちはここを川島の橋のピアーと呼んでいて、橋脚によじのぼってはそこから飛び込んだりした。下流はすぐに浅瀬になっていたので、飛び込んだり泳いだりできたのは、このピアーのあたりだけだった。それでも時々子供が溺れ死んだという噂があって、臆病な私などはかなり緊張して泳いだものだ。

今回、私は弟の車に乗って、暑い夏の日の午後ピアーのある橋の下まで行った。何か記憶を呼び覚ますものがあるはずだと思って。

砂利の洲の間を鬼怒川は昔と同じ暗い色をしてざわめきながら流れていた。白いシャツに麦わら帽子の鮎釣りの人が数人、腰まで水につかって糸を垂れていた。夏のむっとする空気を川風が押し流してゆく。橋の下では涼を求めて車で来た男たちがビニールシートを敷いて缶ビールを飲んでいる。川瀬の向こうは蘆《あし》が群生し、先端が風にそよいできらきらと光っていた。川というのは、水ばかりでなく空気が流れる空間でもあった。

私は、しきりに昔のことを思い出そうとした。あの橋脚のあたりにぼくらは群れていたはずだ。日焼けしたやせた腕で橋脚の段差を攌んでよじのぼり、紺色の毛糸の海水パンツに白いゴムのベルトをしめて、あのあたりから飛び込んだはずだ。水しぶきがあがって、黄色いゴム帽子をかぶった女の子が声をあげてすばやく逃げた。

ところが、それ以上は何も思い出せない。私たちはそのころただ無心に毎日を遊び呆けていただけなので、それ以上何も起こらなかったのだ。一日中太陽に照りつけられて発熱した体をだるそうに運んで、畠の中の踏切を渡って家に帰った。帰宅すると、もうただ無性に眠くなって昼寝しただけだったのだ。

私はもう一度川のことを思い出そうとした。両親や兄弟たちと舟遊びをしたこと。父は投網《とあみ》の名人だったから、家族や友人を連れてこの川によく来た。若かった父が空中に大きく円を画《えが》いて網を投げた姿を思い出す。広がった網の周囲が水しぶきをあげ、ゆっくりと引き寄せた網のあちこちに銀色にピクピクと動く魚がいた。父は小さな魚をちぎりとるように摑んで川舟の中に投げた。

いま捕ったばかりの鮎や山女《やまめ》、赤腹《あかはら》などは、母がコンロにかけた油で天麩羅にして食べた。みんなおいしいと言っていたが、好き嫌いの多い私は、川魚の料理は嫌いだった。それにこのゲームは私には何となく残酷な感じがして好きになれなかった。あのときの川風の感触がよみがえってきた。

それから、それから——。

だが私にはなぜか思い出せない。中学（旧制中学）もこの鬼怒川の下流にある茨城県立水海道《みつかいどう》中学校だったのだから、学校の水練などで泳ぎに行ったにちがいないのだが、ほとんど川の思い出はない。内向的で臆病な子供だったためか、頑健な少年だけが持つ夏の荒々しい感触は、記憶にほとんど溜め込まれなかったのかも知れない。

そのとき突然、私の記憶に生々しく甦ったものがあって私はドキリとした。もう何十年も思い出したことのない記憶である。

昭和十七年だったはずだ。私が小学校（当時は国民学校と言った）の二年生の夏のことだと思う。父方の従兄でヤスヒコさんという青年がいた。その年に早稲田の予科に入ったばかりの大学生だった。

ヤスヒコさんは、父の長姉が隣県の栃木市の大きな金物問屋に嫁いで、そこの次男として生まれた。父親を早く亡くして母親の手ひとつで育てられたので、盆や正月には母の実家、つまり私の生家に祖父母を訪ねて来ていた。

私は長男だったが、生まれてすぐに祖父母のもとに引きとられ、両親とも弟妹とも離れて育ったのでいつもひとりぼっちだった。だからヤスヒコさんが祖父母の家に来るのが楽しみだった。栃木中学校の生徒だったころの彼がやって来ると、背中によじのぼったりしてまとわりついて離れなかった。

太平洋戦争が激しさを増していた昭和十七年の夏、早稲田の予科に入ったばかりで東京から帰省したヤスヒコさんがやって来た。そしてある日、小学二年生の私を川につれて行って水泳を教えてくれたのだ。

私たちは、鬼怒川の支流で結城市をかすめるようにして流れる田川という用水路のような小さな川に行った。いまでは位置が変わったが、用水のための堰《せき》があってそこだけ川幅がふくれるように広がり、水も深く淀のようになっていた。周囲の土手には篠竹が密生して、その中に細い踏み固められた道があった。

　ヤスヒコさんは白い越中褌《ふんどし》一丁になって水に入り、私に手をさしのべた。いま思い出したが、私はその時までちゃんとは泳げなかったのだ。ヤスヒコさんは私を抱えるようにして水に浮かばせ、辛抱強く泳ぎ方を教えてくれた。臆病な私も、大好きなヤスヒコさんが捉まえてくれていたので、リラックスして手足をのばし、初めて水に浮かぶことを覚えた。

　一時間ほどして岸に上がって、しばらく草の上に腰を下ろして休んだ。そのときヤスヒコさんと何の話をしたのかは覚えていない。しかし、あの時田川の堰の川岸で、チクチクする草の上に座ってセミの声を聞いたことだけは、いまでもありありと覚えている。突然甦ったといったのは、その時の記憶である。

　それからしばらくして翌昭和十八年の春、ヤスヒコさんは学生の身で海軍予備学生を志願した。年齢が足りなかったためすぐに入ることはできず、横浜の飛行訓練所に入所して特攻隊員になる準備を始めた。やがて昭和二十年の初めには、特攻隊の民間予備隊として結成された学鷲《がくしゅう》血盟特攻隊というのに参加して、琵琶湖あたりで特攻の飛行訓練をしていると聞いた。

　ヤスヒコさんはその訓練のさなかに病気になって、実際の戦争に参加することはできなかった。二十年の夏、戦災で焼けた東京に戻り、疲労しきった体で郷里にたどり着いたのは終戦の前日だったという。腸結核で見るかげもなくやせ細って、一時は私の祖父のやっていた医院の二階で療養していた。私たち子供は感染を恐れて面会することを許されなかったが、敗戦後病気が日々悪化していると聞かされて、私の心は暗かった。父がどこからか山羊を一匹つれて来て、「ヤスヒコに乳を飲ませる」と言っていたのを覚えている。

国を思って十八歳で特攻隊を志願し、再起不能の病気となって帰ったヤスヒコさんは、終戦後みるみるうちに衰弱して、翌二十一年の五月に亡くなった。大正十五年生まれだったから、二十一年の短い生涯だった。

私はその後、ヤスヒコさんが生前志野冬彦というペンネームで詩や演劇の脚本を書いていたことを知った。同人誌などに発表されたヤスヒコさんのかなり大部な遺稿は、その後彼の兄篠崎哲哉氏の手で出版された。

その中にこういう詩がある。

発見

雨が降り
風が吹く
私はそんな生活に
なにを見出して来たか

陽は再び雨雲を破ることもないだらう
野に生ふ千草は昔の夢を語りはしまい
地球は冷たく
火も消え果てて凍ってしまったから

私はただ
自分の生命《いのち》が
身体ごと
大地の冷たさに抱かれるのを静かに待たう

亜熱を病む
無残な私の眼だけが
一切の滅びた後も
虚妄の大気を冴いてなにものかを求めるだらう
陰鬱な天気に

桜の花も散ってしまった
それはふさはしいことだ
泯《ほろ》びゆく種族の最後の日に

「二十年四月十一日の感想」と付記されているので、訓練中に病いを得て病床についたころの詩であろう。大東亜戦争も敗色濃くなりつつあるなかで、病いが深まってゆくのを覚えながら書いたものと思われる。ヤスヒコさんは、こういう無残な状況の中で天皇の赤子ではなく一人の人間としての自分を発見していったのだろう。そして、敗戦後に書かれた詩の中には

「グザグザに刻まれ
こぼたれた人形を
もとに戻して下さい」

という断章もあった。

終戦の年、私は小学五年生であった。ヤスヒコさんに教えられた水泳も大分身について、毎年夏になれば鬼怒川に泳ぎに行ったにちがいない。でもその後この川で遊んだことは何ひとつ思い出せない。それなのにヤスヒコさんと一度だけ泳いだ田川の堰の、盛り上がるようにして流れる暗い水や、川辺の草むらで聞いたアブラゼミの声、そして恐れというものをまだ知らない強健な青年の褌一丁の姿は、いまでもありありと思い出す。

# 人それぞれの鵺《ぬえ》を飼う

## 一

関君が死んだと聞いたのは、去年（平成二十年）の十月に入ってからであった。亡くなってから約一カ月が過ぎていた。七十六歳だった。

この前会ったのはもう二、三年前のこと、元気に握手をして別れたが、昨年になってから体の不調に気づいたときは、肺癌の末期だった。もう全身のリンパ腺に転移して、手の施しようもなかったという。彼はあらゆる治療を拒んで、従容《しょうよう》として死の床に横たわった。死んだのは、入院して二カ月ほどだったという。彼の覚悟の程がわかる。

幼少のころ患った小児麻痺の後遺症で、左足が不自由な身で病院に収容されて、一人ひっそりと死んだのではないかと案じていたが、最後には、離れ離れになっていた先妻と長男家族と電話で連絡がついて、手厚い看護を受けて、安らかに息を引き取ったと聞き、私も少しは心が安らいだ。しかし家族と再会したときには、もう言葉を発することができなかった。

ともあれ、莫大な財産をあっという間に食いつぶし、孤独のうちに息を引きとった、昭和最後のジェントルマンであった彼の、破天荒な一生の一部を書きとめておきたい。

私たちは昭和二十八年に千葉大の文理学部にあった医学進学課程の学生であった。医学進学課程というのは、医学部に進む前に、生物学、数学、語学や、医者になるために必要な哲学、倫理学、法学など、リベラルアーツを二年間履修させる。いわば教養学部のような役割を持つものであった。

医学を志望するものは、一旦ここに入らなければならない。医学部へ入るには、はじめ医学進学課程の入学試験を受けて、二年間ここで学んだのち、もう一度選抜試験を受けて、初めて医学部に入ることを許される。この二度目の試験が結構難しい。倍率も高かった。昔は医学部を出て医者になるには、なかなかの難関を通らねばならなかった。

そのため医学進学課程の二年が終わると、他大学のほかの学部に移るものが大分いた。二回目の試験に合格しないと、医学部には進めない。浪人するよりほかなかったのだ。二、三年も浪人してやっと医学部に入ったものもいた。一旦、大学に合格したのに、また浪人することもあるという、制度の矛盾があったので、この制度はまもなく廃止され、現在のように一度合格すれば、そのまま専門課程に進学できるようになった。

私がこれから語るような、自由で偶発的な夢のような事件が起こったのは、こんな制度があった、昭和二十年代後半のごく短い時期の、国立大学医学部でのことであった。

さまざまな矛盾はあったものの、この制度にはいいこともあった。医者になるにはもちろん一般教養が必須である。今のような、初めから専門教育一辺倒では、いい医者は育たないと思う。高校を卒業したばかりの青臭い青年に、どうして病気を抱えた複雑な人間を理解できるだろうか。この職業を選ぶためだけだって、二年くらいは自分の適性を熟慮する準備期間があったほうがいい。人間を機械としか見ない工学的思考しか持っていない医者が多くなったのは、リベラルアーツを勉強するという回り道を、たどったことがないからだと思う。

ともあれ新学期が始まった。同級生には、卒業したら医者の跡継ぎになるつもりの青年が多かったが、そうでない演劇志望のものや、あわよくば文学部に移って小説家になる野心を抱いているものなどなど、多彩な若者が集まっていた。

その中に、妙に存在感のある、松葉杖をついた青年がいた。彼はがっちりとした四角い体をして、障害を持っているにもかかわらずちっとも臆することなく、いつも同級生の雑談の輪の中心にいた。「でかい面《つら》をした」青年というのが第一印象だった。おしゃべりだったからやけに目立っていた。

私は気になりながら遠目で見ているだけだったが、あるときエマーソンの文章だったと思うが、英文学の教授に彼が当てられたとき、すらすらと作品の背景までを答えたのに、改めて目を瞠《みは》った。どう見ても現役の高校卒のようには見えなかった。

私自身も、まだ医者になる決心がつかず、そうかといって、文学で身を立てることにはもっと自信がなかったので、まずは医学進学課程に入って様子を見るという二股かけた曖昧な状態だったこともあり、同級生にこんなやつがいることに驚いた。

そうはいっても私のほうから話しかけることはなかった。なんとなく遠巻きにしていたが、しばらくしてクラスの新入生コンパが、千葉大学文理学部のキャンパスのあった、当時は漁師町の面影を残していた稲毛の居酒屋で開かれた。私はふてくされて末席に座っていた。自己紹介が進んで関君の番になったら、松葉杖の使えない混み合った座敷で、威厳たっぷりに、座ったまま挨拶した。

「僕はね。富山県高岡の出身なんだが、高校は小石川高校、本当は上智大学の英文科志望だった。これからどうなるかわからんが、しばらくの間付き合ってくれ給《たま》え。なお酒は一升くらいは飲む。女もそこそこ」

と、よく通る声で一息にしゃべった。高校を卒業したばかりの、学生服を着た大学一年生は、障害を持った傲岸《ごうがん》な青年の挨拶に一瞬気を飲まれた。

酒盛りになると、彼の飲みっぷりがまたすごかった。コップでなみなみと燗酒《かんざけ》をあおり、あいてかまわず呼びつけて酒を勧めた。会費でまかなえないと幹事がこぼすと、

「今日の酒は全部僕が持つからいいんだ。遠慮するな。酒もってこい」

と女将《おかみ》を呼んで、一言二言ささやいた。すでに顔見知りだったらしく、女将は心得たように酒を運ばせ、関君のそばに張り付いてお酌をし、愛嬌《あいきょう》を振りまいていた。もうここでは、かなりの顔になっているらしかった。

彼の隣には、太い黒縁の眼鏡をかけた長身の青年が座って、何くれと世話を焼いていた。彼が、やはり小石川高校の出身で、香川県丸亀市の医者の跡取り息子、秦君という名であることは、さっき自己紹介で知ったばかりだった。

この二人、関君と秦君、そして後で加わるもう一人の蕩児《とうじ》、一橋大学生の土井君の三人組が、これからお話しする青春の挿話の主役である。

その後も、兵舎を改造した千葉大の木造の校舎で、時々は関君と秦君に顔を合わせたが、それ以上の付き合いはなかった。時々といったのは、私も彼らも勤勉な学生ではなく、学校にはあまり出ないで、総武線を逆行して、東京の盛り場をうろついていることが多かったからである。出欠を取るような教授は少なかった。

私たちは思い思いにはかない夢のようなものを追って、毎日熱情をほとばしらせていたのだと

思う。私は間もなく詩人の安藤元雄や、小説家志望だった江藤淳など文学仲間と出会い、東京と千葉のちょうど中間に位置する船橋市に住んで、学校にはたまにしか行かなくなった。新宿あたりの音楽喫茶で、彼らと一日中煙草をふかしながら文学談義にふけっていたのだ。

風の便りに関君が高岡の大病院の一人息子で、莫大な学費の仕送りを受けて、毎日新宿あたりを豪遊していると聞いたのはそのころだった。同じような境遇の秦君とつるんで、いつも盛り場をうろついていると納得した。

ところがある夕暮れ、総武線船橋の駅前の雑踏の中で、彼らしい松葉杖の人影を見かけた。復興途上の地方都市の闇市《やみいち》の人ごみの中を、傲岸に肩を怒らせて松葉杖にすがっているのは、紛れもなく関君だった。隣には秦君と背の高い上品な若者がいた。

私は思い切って呼びかけた。

「おい、関じゃないか。こんなところで何してるんだ」

彼は振り向いて、なんだかばつが悪そうに微笑《ほほえ》んだ。

「これから女を買いにいくんだ。君も来るかい」

「何だ、船橋新地に行くのか。僕は遠慮するよ。それより僕の下宿に寄ってお茶でも飲んでいかないか。すぐ近くだよ。まだ早いんだろう」

「それもそうだな」

と連れの二人に目顔で相談し、ひとまず私の下宿に来ることになった。

昭和三十三年に売春防止法が施行されるまでは、いわゆる遊郭の花街が各所にあった。新宿にも、後に赤線と呼ばれるようになった売春地帯があり、彼らもそこに頻々と出入りしていたようだった。船橋の新地は、場末の薄汚い遊郭だったが、費用が安いためか夜ともなると紅灯の巷《ちまた》となりなかなかの繁盛振りだった。

私は船橋駅の西口にあった、明治乳業の大きな工場の近く、京成電車の「海神」という駅に近い二階屋に下宿していた。新地までは歩いても近い。

私は三人を連れて、狭い下宿の二階にあがった。トリスウイスキーの水割りくらいしかなかったが、みんな性欲から瞬時解放されて、かえってくつろいだ気持ちで話は弾んだ。

もう一人の連れが、やはり小石川高校で彼らの同級生だった土井享君だった。彼は高名な英文学者中野好夫の次男で、祖父は土井晩翠《ばんすい》である。今は仙台にある土井家の孫養子に入って、苗字は中野から土井に代わっている。私は思いがけなく、日ごろ尊敬している中野好夫の息子と巡り会って、うれしくてたまらなかった。

しかし彼は、父中野好夫のことは、深くは語ろうとしなかった。何か事情があるように見えた。でも、私の古臭い眼鏡をかけた顔が、彼の尊敬してやまない永井荷風に似ているといって、付き合えてうれしいと言ってくれたのを覚えている。

秦君は、私の蔵書の中にあった産科の教科書を開いて、ポルノでも見るようにしげしげと眺め、

「中はこんな具合になっているのか」

と、感に堪えたようにいった。関君が、

「馬鹿、お前見たことがねえのか」

とからかうと、

「中まではないよ。今度よく見ておく」

とみんなで爆笑した。

彼らは水割りを二、三杯飲んで引き上げた。

下宿の急な階段をお尻ですべるように下りて、関君は二人を従えて夜の闇に消えていった。

それから関君は、私の下宿を時々訪ねるようになった。彼一人のことも、三人組のこともあった。朝早く、塀の外から、

「おーい、多田。いるか」

と、大声で呼びかけた。朝帰りの挨拶だった。たまたまその日私の下宿には、大学に入ったばかりの妹が来ていたが、関君は妹の作った、即席の葱《ねぎ》の味噌汁と鰺の干物の朝食を舌鼓を打って食べ、こんなうまい朝飯はもう何日も食べていないと言った。そして、妹が葱坊主を活《い》けた花瓶に、長いことじっと目をやっていた。ずいぶんと荒れた生活を送っていたころだった。

「関さんみたいな人なら、朝御飯のご馳走しがいがあるわ。何でもおいしいといって食べてくれるんだから」

と、妹は喜んだ。それが遊郭からの朝帰りだとは、妹には明かさなかった。

私は、田舎の父から、カシミアの古いオーバーコートを貰って着ていたが、ある寒い夜に関君が現れ、

「寒いからちょっと貸してくれ」

と、着て出ていった。それから何日たっても返してくれない。どうしたんだと聞いたら、

「ごめん、ごめん。ちょっと質にいれてしまった。来月まで待ってくれないか」

という。しかし、月が変わっても、オーバーは返って来なかった。いまいましく思ったが、そのうち春になったから、厚いオーバーは不要になった。関君は、そんなことは忘れたように、時々、朝帰りに私の下宿を訪ねては、いろいろ興味ある情報をもらしていった。

ある朝、

「昨夜は遅く行ったんだよ。そうしたら、土井がね、いつもお茶をひいてる年増の女郎に捕まったんだ。『寄ってってよ。上がってってよ』と腕をつかまれて泣くように懇願されて、『いやだ。ああ、いやだ、いやだ』といいながら、結局上がっていったんだ。あいつはいつでもそういう貧乏くじを引くんだ」

とぼやいた。私は土井君が、永井荷風の「つゆのあとさき」の一節をそらんじるほど読んでいたことを思い出して、やっぱり心が優しい男なんだな、と妙に納得した気持ちになった。

土井君は母親を亡くし、中野好夫の後妻に入った継母とは折り合いが悪く、家は「火宅」のようになっていたらしい。家にはたまにしか帰らないようだ、と関君はいった。第二反抗期に、突

然実母を失って、厳格な祖父の家に養子に出され、屈折した青春を送っている心優しい青年が、荷風に心酔し、場末の色町に入り浸っているのは、一種いい話だと私は思った。

関君はこんなことも言った。

「お金がなくなると、中野好夫の家（土井君の生家）に行って、書棚に入りきらないので、階段に積み上げたままの贈呈本を、一段ずつ引っこ抜いて、神田の古本屋に持っていって売るんだ。結構いい値がつくよ」

「そんなことしてるのか。それじゃあ中野好夫も怒るだろうな」

「いや、一度も怒られたことはない。怒るのはかみさんのほうだよ」

と涼しい顔をしていた。

土井君はそんなことで、継母とは犬猿の仲になった。『大言海』を編纂した碩学《せきがく》、大槻文彦《おおつきふみひこ》博士の孫で、自らも女子大の教授をしているという、中野好夫の後妻にとって、誇り高い虎のような土井君は、最も苦手な相手だったに相違ない。あるときは、彼女に腕時計のバンドを嚙みちぎられたと、左手の傷を見せられたこともあった。土井君は、継母を『お静さん』と呼び、決して母とは呼ばなかった。

それが深い影となっていたことを、後に土井君が悲劇的な死を迎えるまで、私は理解しようとはしなかった。それは後で話そう。

時々は彼らに呼び出されて、私も新宿の繁華街で飲むこともあった。新宿駅前が、ぬかるみだった昭和二十八、九年のころだ。たいていは、新宿三越の近くにあった紀伊國屋書店に入る路地で、通称「ハモニカ横丁」という、両側に小さな店が並んだ一角で、アブサンなど安酒をあおった。お金があれば「馬上杯」という店、それから草野心平の奥さんがやっていた「火の車」という飲み屋。「まわれよ、まわれよ火の車」という詩で有名であった。この店は、以前は本郷真砂町にあったが、そのころは新宿に移っていた。小石川高校生のころから、彼らはよく真砂町《まさごちょう》の店には通ったらしい。

関君は飲み過ごすと、ここで夜通し飲み、初電を待って千葉の下宿まで帰り、そのまま学校へ行った。当時このあたりを仕切っていた暴力団、戸田組の地回りのお兄さんともねんごろになって、一晩中語り明かしたこともあるという。

何が彼の情熱を、かくも激しく駆り立てていたのだろうか。女のことはよく話に出たが、一人の女性に入れあげている様子はなかった。文学でもない。ましてや学問ではなかった。

それが深い肉体的、精神的コンプレックスに基づく暗い負の情熱となって、マグマのように噴出口を求めて渦巻いていたことを知ったのは、ずっと後のことである。

## 二

関君たちは、しばしば私の視界をかすめてはいたが、特別なこともなくこの年は過ぎていった。私のほうも江藤淳や安藤元雄らと、詩の同人雑誌を発刊し、大学にはたまにしか行かなかった。関君も秦君も、何かに打ち込んでいたわけではない。ただその日その日を、何ものかに追われるように、命がけで送っていた。熱情の実体が何であるかは、彼らにも定かでなかったようだ。いわば夢を食う獏《ばく》のような、あるいは鵺《ぬえ》のような正体不明の動物が体に住み着き、それに突き動かされていたように思われる。

クラスでは関君や秦君と、本気で友達付き合いをするものはいなかった。あいつらは必ず試験に落ちて、やがてこのクラスからいなくなると同級生は踏んでいた。その落第候補生のリストには私も入っていた。

「関、秦、多田なんかが合格して、医者になれるわけがない。そんなことがおこったら、勉強する意味がわからないよ」

と、級友から面罵《めんば》されたことがある。

私たちは一生懸命、実体がわからぬ夢を追い続けていた。ただひたすらあいまいな夢に向かって情熱を燃やしていた。その実像が時々姿を覗《のぞ》かせた。

そのひとつは、秦君に思いがけない性癖があることであった。それは彼の無類の女好きに関係する。

その年齢の健康な青年は、誰でも有り余る性欲をもてあましていた。しかし、秦君の場合は、性欲のはけ口ではなくて、ほとんど狂気とでもいえる情熱の現われであった。あまり目立つことのなかった秦君の、意外な側面であった。

彼は看護師、女子高生、商売女と、相手構わず手をつけていた。それも同時に複数と関係を持っていた。

ある日彼が、大学に出入りしている印刷屋の女事務員と、馬鹿に親密に歩いているところを見て、関君は、

「今度は印刷屋か。こないだまでは隣の眼鏡屋の娘だったのに、全く手が早いよ。それに女のチョイスが悪趣味なんだから。あの女のどこがいいのかわからん」

と、はき捨てるように言った。

不思議なことに、秦君のラブアフェアーは、いつも見事に後腐れなく処理されていた。誰も彼を悪く言うものはいなかったし、どの女も、顔を合わせると知らぬ振りでやり過ごした。そこには男女の別れの悲しみなど、これっぽっちもないドライな関係だった。

関君が予想したとおり、彼は一月もしないうちに印刷屋の女と別れて、今度は学生食堂の太った女子従業員をものにしていた。人目もはばからず、街中を手を組んで歩いているのを見かけた。

女は四十に手の届く年増だった。悪趣味と関君が言ったのは、こういうことなのかと私は合点した。女が、欲情をあらわにして、小鼻をひくつかせているのを見て、私には疎《うと》ましかった。

秦君は、地味な黒いサージの学生服を着て、黒縁の丸い眼鏡に、ポマードで固めた髪を七三に分けた平凡な青年だった。でもどこか良家の出を思わせる気品があった。体格はよかったが、美男子ではなかった。

それでもいつも女にもてているのは、努力していたとはいえ、何かフェロモンのようなものを出しているのかもしれない。しかしこれほどまで、次々と女を漁《あさ》り続けるのは、並大抵の情熱ではないだろうと、私はいぶかしんだ。

彼には、エロスの神様というものが憑いているんだと私は思い込んだ。古来そういうエロスの神に選ばれた男がいることは、古典文学にも出てくる。光源氏、在原業平《ありわらのなりひら》、好色一代男、カザノヴァ、みなエロスの神に選ばれし男たちである。そのため女というものにあくなき情熱を抱き続ける。女のためだったら破滅することもいとわない。私は秦君を伝説の男になぞらえて、セックスの神様の使いが現れたのだと、秦君を畏敬の眼で眺めるようになった。

しかし、私には、人の色事に興味を持つほど暇がなかった。東京で出していた詩の同人雑誌のほうが忙しかったし、来年に迫った医学部の試験も気になっていた。別に執着していたわけではなかったが、医者になるのはひとつの安全牌《パイ》を手に入れることになる。

それにこのころから、私は能の毒に中《あた》り、しばしば能楽堂に通いつめていた。それが昂じて、自分でも謡曲を習おうと、先生を探していた。このことが全く別な偶然で、秦君との繋がりを増すことになった。

謡曲を習おうといっても、貧乏学生の私には専門の能楽師の先生に入門するだけの経済的余裕はなかった。たまたま千葉市の薬屋の老主人が、好きで学生に教えていた、趣味の謡曲グループに入れてもらって、「羽衣」や「鶴亀」など、初心者向きの曲の一節を、大声で怒鳴っていた。時には、薬屋の主人の謡《うたい》仲間が飛び入りで参加することもあった。いずれもプロの能楽師についている、私たちとは別格の連中だった。

その中にNさんという、上品な六十がらみのご婦人がいた。偉い軍人さんの未亡人とかで、千葉の海に面した高台に住んでいるという。たまたま雑談の折に、

「私の家にも千葉医大の学生さんが下宿していらっしゃるのよ。ご存知かしら、秦さんというんですけど。四国から来ていらっしゃる」

「それなら僕の友達ですよ」

「そうですか。それなら、お暇のときに遊びにいらっしゃいよ。秦さんは、あなたと違って、謡なんか興味ないらしいし、そういったら何ですけど、あまり勉強もしていないようですの。いらっしゃれば、謡も教えてあげられるし、秦さんにもお会いになれます。うちへ遊びにいらっしゃいよ」

と熱心に誘われた。

秦君は、関君と違って、おしゃべりではなかったので、彼のプライベートな生活の場は知らなかった。そんな高級住宅地に下宿しているのだから、いずれ彼も金持ちのお坊ちゃんだろうと察しがついた。

Nさんは、

「夕方いらっしゃいましな。そして三人で夕食でも食べましょう。その前に『船弁慶』をさらってあげましょう」

といって帰っていった。

大学へ行って秦君にその話をしたら、

「そうか。あのおばさん、勉強しろとか、部屋を掃除しろとか小うるさいから、君が来てくれると助かるよ」

と喜んで私の訪問に同意した。

Nさんは、まだ六十歳になったかならないかのご婦人だったが、金ボタンの制服を着た、二十歳前後の学生の私たちから見れば、「おばさん」と呼んでも違和感はなかった。私は毎週水曜日に「おばさん」の家に行って、

『その時静《しずか》は立ち上がり、時の調子をとりあえず、渡口の郵船は風静まって出《い》ず』

と、ぶっきらぼうな謡を、声を張り上げて謡った。Nさんはきれいな力強い声で、

『波頭の謫所《たくしょ》は、日晴れて見ゆ』

と受けて、「船弁慶」の一節を謡う。私が節をちょっと間違えると、いちいち丁寧に直してくれた。

Nさんの家は海の見える高台にあった。立派な門構えのある日本家屋だった。門の向こうは、築山《つきやま》のある前庭で、蘇鉄《そてつ》が三、四本植えてあった。庭木もきれいに手入れされていた。庭に面して、広い洋間のガラス窓が突き出していて、いかにも戦前の金持ちのお屋敷の面影があった。秦君はこの洋間を借りて暮らしていた。

「おばさん」は、裏の広い和室部分に住んでいた。和室は大きな床の間がある十畳間を中心に、廊下でつながった四室ほどが「く」の字に配置されていた。女中部屋もあるので、女一人で住むには広すぎた。

彼女は、身元の確かな医学生を洋間に住まわせ、十畳間で謡や仕舞の出稽古《でげいこ》を受けていた。いかにも旧軍人の未亡人らしい、清潔な暮らしぶりが窺《うかが》えた。通いの家政婦さんが週二回来ていたが、普段はひっそりとしていた。何不自由なく暮らしている未亡人の様子が窺えた。

私は稽古の後に、仕出しの鰻重《うなじゅう》など、夕食をご馳走になって下宿に帰った。秦君はたった一度

だけ一緒に夕飯を食べたが、窮屈そうにして、早々に引き上げてしまった。

「いつもああなんですから」

とNさんは不満そうだった。

ある日、Nさんは何時《いつ》になく華やいだ声でこう話しかけた。

「お仕舞を見てくださらない。今度のおさらい会で『葵上《あおいのうえ》』を舞うことになったんですけど、難しくてなかなか人には見せられないの。だから多田さん、見てくださいな」

「葵上」は、光源氏に捨てられて、生霊《いきりょう》となって源氏の正妻、葵上に取り憑き、攫《さら》っていこうとする六条の御息所《みやすどころ》を主人公とした能の名曲である。仕舞ではそのクライマックスを舞う。素人《しろうと》にはなかなかの難曲である。

扇を構えて、彼女は舞い始めた。謡も自分で謡う。


『……水暗き沢辺の蛍の影よりも、光る君とぞ契《ちぎ》らん』


目で蛍を追いかけて、目を戻して扇をかき抱くように源氏を偲ぶ型所になると、Nさんはゆっくりと顔を伏せて思いに沈んだ。

そのとき意外なことが私に起こった。地味な紫の小紋の着物を着た「おばさん」を、

「色っぽい」

と思ったのだ。今までは、親切なご婦人としか認識していなかったのに、突然美しい異性として映ったことに、私はどぎまぎしてしまった。何か悪いことをしたような気がして、胸が高鳴った。舞い終えて扇をたたんだNさんは、多少上気していたが、元通りの「おばさん」に戻っていた。私は、自分に生じたつかの間の劣情を恥じて、早々に稽古を辞して家に帰った。


その日からあまり遠くない雨の降る日、関君が、教室にいた私に、

「おい、秦が朝から酒を飲んで荒れてるから、いってやらんか」

「また女の話か」

「それが、下宿のおばさんをとうとう手籠《てご》めにしちゃったというんだ」

「ええっ。下宿のおばさんって、Nさんのこと?」

「ああ、君知ってるの?」

「うん。よく知ってる。六十くらいの仕舞を習っている人だよ」

私は、この間の「六条の御息所」の出来事を思い出して身震いした。それにしても偶然とはいえ、できすぎた話だった。あのときの胸の高鳴りは、こんなことを予感したためだったのだろうか。

関君は慨嘆して言った。

「まったく困ったもんだ。見境がないんだから」

秦君は酒に酔って、冷たい雨の中を夜通し歩いて居酒屋に着き、一人で飲み明かしているという。

私はそんな話は聞きたくもなかった。関君は、一人で雨の中に松葉杖をついて出て行く前にこう語った。

これからは関君から聞いた話である。

秦君が酒を過ごして、夜遅く帰ると、Nさんは玄関を開けて迎えてくれたが、すぐに、

「勉強はどうなっているんですか。今日、四国のお母様から電話があったんですよ」

と、出会いがしらに小言を言った。

「癪《しゃく》に障《さわ》ったんで、ついおばさんを引き寄せ、体を抱きしめてキスしてしまったらしい。酔っていたのだからしょうがない。抵抗するので、押さえつけてもみ合ううちにむらむらと来て、とうとうベッドに連れて行ってやっちまったんだ、というわけさ」

「残酷な話だ。僕は秦君と絶交するよ」

と私はつぶやいた。

「でも、おばさん、終わった後、泣きながら秦に抱きついて離れなかったそうだ。必ずしも嫌ではなかったようだ。それで秦は、『ああ、いやだ。いやだ』って電話で泣いているんだ。自業自得だけれど」

「明日からどうするんだ。しらふでは帰れないだろう」

「しばらく俺のところに泊まるよ」

と、関君は、秦君が待つ居酒屋へ向かって、雨の中を松葉杖をついて出て行った。

この事件は、しばらく私の心に暗い影を落とした。あの広いお屋敷の薄暗い廊下で、Nさんが泣きながら秦君を待っている。その顔は、深い恨みと、思いがけない愛情で歪んでいる。そんな光景が目に浮かんだ。

『夢にだに、返らぬものをわが契り、昔語りになりぬれば、なおも思いは増鏡、その面影も恥ずかしや……』

それは軍人の貞節な妻という顔と、光源氏に一度だけ抱きしめられた御息所の、愛と恨みの劇となって、二十歳の私の頭を駆け巡った。貞淑謹厳なNさんのイメージが、源氏に裏切られつつも愛し続ける、六条の御息所の生霊の、愛憎の劇と二重写しになって、いつまでも私を悩ませたのだ。

私は素人の謡の会にも行かなくなり、Nさんの家にも疎遠になった。秦君は学校に姿を見せなくなった。関君だけは何に突き動かされるのか、時々学校に姿を現しては、誰か相棒を見つけて、松葉杖をついた肩を怒らせて夜の町へ去っていった。

そうこうするうちに、学年は終わりに近づき、医学部に入るための試験が間近になった。もうどうすることもできない。関君や秦君は受験するのだろうか。

勉強を重ねて自信がある学生は昂然としていたが、私たち落ちこぼれは、合格しなかったらどこに行こうかと、そちらの方策を求めて、右往左往していた。関君だけは、そんなことにはお構いなしに、誰かを見つけては飲み歩いていた。

結果はやはり予想された通りであった。ほかの学部を受ける、とか文学部へ移籍したいなんていっていたものは、ことごとく合格しなかった。関君も秦君の名前も合格者名簿にはなかった。よく勉強していたものさえ、落第したものは少なくなかった。

唯一の例外は私である。もう医学部へ行くことはあきらめて、郷里に帰っていた私のところへ、思いがけない医学部合格の電報が届いた。

これでもう逃げるわけにはいかない。私の逡巡する心は固まった。こんなこともあるんだと、私は僥倖を喜んでさえいた。郷里の茨城県結城市で、町の開業医になるという運命からは逃れられないと心に決めた。

卒業式があったわけではないし、修了式もなかった。合格したものを集めて、ガイダンスがあったが、私の仲良くしていた関君や秦君の姿はもとより、フランス語をひけらかしていた文学青年や、同人雑誌に参加していた、後で早稲田の英文学の教授になった友達など、なつかしい顔は消えてしまった。

それから二年以上、彼らとの音信は途絶えた。風の便りで、関君が上智大学のドイツ文学科に入ったが、まもなく退学して郷里の高岡に帰ったと聞いた。秦君は、関西医大に合格し元気だという。

もうあの嵐のような熱情は、あの二人の心から消えてしまったのかと淋しかった。私は解剖学など基礎医学の勉強に没頭して、二人のことも、土井君のことも忘れていた。

しかし、事実はそんなに単純ではなかった。関君、秦君、土井君、三人とも、彼らの中に住み着いていた、鵺《ぬえ》のような動物と格闘し続けていたことを知ったのは、ずっと後になってからのことであった。その情報は、土井君の悲劇的な死とともにもたらされた。

## 三

私が医学部を卒業する前年のことだった。例によって関君から突然電話が入った。

「土井が死んだよ。自殺したんだ」

と涙声だった。

「ええっ。どうして?」

「あいつは一橋大学の経済学部を卒業して、フジテレビに入社したんだけど、どうもなじめなかったようだ。テレビ局の屋上から飛び降りたんだ。わけは知らんよ」

関君は、それを誰かに早く訴えたかったらしい。そして、もう何年も会わないのに、昔と同じような威厳のある口調でいった。

「今新宿にいるんだけど、出て来ないか」

私は用事があったけれど、新宿の指定された飲み屋に急行した。彼はもう酔っていたが、私の顔を見て嬉しそうに目を輝かせた。よほど心細かったらしい。そして土井君の最後を次のように語った。

「俺も事情があって二年ほど会っていないんだ。時々電話してきて、順調だと思っていたんだが、どうも会社ではうまくいかなかった。あいつは君も知ってるとおり、会社人間とは違うだろう。彼の友達の話では、仕事を干されていたらしい。

でも会社には行っていた。この春になって、多少言動におかしいところが出てきたが、その日は誰にも何もいわず、フジテレビの屋上から身を投げたらしい。見ていた人の話では、彼はまっすぐに歩いていって、フェンスを乗り越えそのまま空へ向かって歩いていったときいた」

東京女子医大の近くにあったフジテレビの社屋から、空に向かって昂然と歩いてゆく白皙《はくせき》の土井君の姿が目に見えるような衝撃を覚えた。

永井荷風に耽溺《たんでき》して、「つゆのあとさき」の一節をそらんじていた彼の感性は、現実の世界の汚《け》れ《が》には耐えられなかった。養父になった祖父、土井晩翠の天下に轟く名声や、ストイックな継母、それに父中野好夫の批評家的なまなざしなどの絡んだ、複雑な家庭事情が重なり、感受性の豊かな彼に、死を選ばせたのではないかと思った。

しばらく土井君の思い出話をしていたが、関君は、

「実は俺もね、大学を中退したんだ。今は高岡に帰っている。父も亡くなったし……」

と口ごもった。何か訴えたいような寂しい複雑な面持ちだった。

しかし、私は土井君の突然の死のことで気が転倒していて、関君の境遇を心配する余裕がなかった。何も聞かずに関君と別れて、この日は終電で千葉まで帰った。店を出たとき、新宿の裏通りの空に、電線が蜘蛛手《くもで》に張り巡らされているのを、まるで土井君を取り囲んだ陥穽《かんせい》のように感じた。このことは、前にエッセイとして書いたのでありありと目が覚えている。

関君がその夜、どこへ泊まったかは知らない。ひょっとすると富山から出てきて、すぐに私を呼び出したのかもしれない。彼がそのころ経済的に逼迫して、本当は私にそれを訴えたかったのではなかったかと悟ったのは、ずっと後になってからのことだった。彼は何かを逃れるように東京にふらっと現れ、一晩飲んで帰るらしかった。

ともあれ三人組の一人は世を去った。強烈な個性で、つかの間の青春の記憶を残して、私たちの前から姿を消したのだ。

それから二、三年も関君からは音信がなかった。私は医学部を卒業して、免疫の研究室にいた。そこにまた突然、関君から電話がかかってきた。今度も衝撃的な訃報だった。

「秦が死んだんだよ。彼は、関西医大を卒業してインターンをしていたが、昔と違って女遊び

をやめて、女医さんと親密に付き合っていた。まじめな付き合いだよ。一緒に故郷の丸亀に帰って家業の医院を継ぐつもりだといっていたが、突然脳出血を起こして倒れ、そのまま死んだよ。その女医さんに看取られてね。俺にも昨日通知があったばかりだが、どうすることもできなかった」

と告げた。女への際限のない欲望を失って、平凡な開業医の道を歩もうとした矢先だった。

これで三人組のうち二人までが死んでしまった。残るは関君ばかりになってしまった。寂寥《せきりょう》感が電話口から流れた。

思えばあのころ、私たちはそれぞれ不思議な夢を見ていたような気がする。夢の中で、一匹ずつ鵺のような動物を飼っていた。鵺の正体は判らなかった。私たちはそれを飼っていたが、鵺のほうも私たちを支配していた。どちらが主人とも知れない関係だった。

伝説上の鵺は、「頭は猿、胴は狸、尾は蛇《くちなわ》、足手は虎の如くして、鳴く声虎鶫《とらつぐみ》に似たりけり」とある。源三位頼政《げんざんみよりまさ》に射殺された妄想の生き物である。私たちの鵺も、私たちの想念に巣くって、私たちを動かしていた。

私たちは全力でその鵺を養って生きていた。私たちの青春の情熱は、この正体不明の動物によってかき立てられていたのだ。

鵺が死ねば私たちも生きては行けない。土井君と秦君の鵺は、どうしてか死んでしまったのだ。だから彼らも生きてゆけなかった、という想念が私の中で頭をもたげた。

関君の電話が切れた後も、この思いは私を凌駕していた。それでは関君の、そして私の鵺は、どんな顔をしているのかという疑問が私の頭にとぐろを巻いていた。そして改めて関君がその後、どういう生き方をしていたのかを知りたいと思った。

二人の親友に先立たれた関君が、莫大な父の遺産を食い潰して、一人で暮らしていると聞いたのは私が足掛け四年に及ぶアメリカ留学から帰ってからであった。妻子とも別れたという。その関君から久しぶりの電話があったのは、私が千葉大学での研究生活を終えて、東大に赴任してからであった。確か昭和五十五年の夏だった。彼は例によって、私の電話番号をどこかで調べて、まるで昨日別れた友人のように、

「多田君いますか？　元同級生の関だけど」

と、妻に話しかけた。夜十時を過ぎていた。

「今神田神保町のラドリオという喫茶店にいます。こられるかどうか訊いてみてください」

私は研究室にいたが、妻からの連絡に、すぐ支度をして指定されたラドリオという喫茶店に出向いた。昔彼が小石川高校に通っていたころ、よく来た店だった。

私は関君の顔を見て驚いた。数年の間に彼の髪は純白となり、前歯は残らず抜け落ちていた。なんだか化け物じみた風貌になっていた。しかしツイードのジャケットを格好良く着こなしたジェントルマンぶりは、白髪によってかえって身についた印象を与えた。

彼はラドリオのカウンターに座り込んで、マスターを相手にカクテルを飲んでいた。傲岸《ごうがん》さは昔のままだった。

「懐かしいね。こんな店が残ってたなんて」

と、昔の音楽喫茶の面影を懐かしんでいた。顔なじみらしいマスターも、何年ぶりかでひょっこり現れた関君を懐かしんでいる様子だった。私は彼が、尾羽打ち枯らしたなりでないことに安堵した。このときも自分のことは何も話さず、私のアメリカでの生活に黙って耳を傾けた。

彼は自分で自動車を運転して、富山から出てきたのだった。真っ先に私を呼び出したらしい。時々そのようにして、身を隠すように東京に来ていた。それはつかの間の、苦しみからの逃避だったのかもしれない。夜も更けて、

「僕の本郷の家に寄っていかないか」

と誘うと、いいよと腰を上げ、本郷まで一緒に向かった。松葉杖を車に放り込んで、自分は身軽にひょいと車に乗り込んだ。

「僕はどこへでも駐車できるんだ」

と、駐車禁止の本郷通りに堂々と駐車し、障害者の証明をフロントガラスの前においた。障害を持って生きるしたたかさが体に染み付いていた。

私の家では妻を交えて少しばかり飲んだ。昔付き合っていた女性が自殺をして、それが深い精神的トラウマになったことなどを話して、彼は満足したように帰っていった。このときも関君か

ら、今の境遇を聞くことはできなかったが、私は彼の話しぶりから、関君の鵜が健在であることだけは確信した。

それからも関君からは二年に一度くらいの割合で連絡があった。そうこうするうちに、私は六十歳の定年を迎えた。千葉大学で一緒に過ごしてから、関君との断続的な付き合いは、四〇年もたった勘定になる。

ある日関君から、

「君には世話になっているから、加賀の山中温泉に招待したいんだが」

と電話があった。

「僕の行きつけの温泉旅館だから遠慮はいらんよ。僕の招待だよ。奥さんを連れて富山まで来ないか」

といった。私は富山で講演する予定があったので、関君のオファーに応じることにした。

関君はその日、聴衆の中にいた。講演が終わった後、近寄ってきてはにかんだように微笑んだ。心なしか落ちぶれたように見えた。彼の車で、妻と私を禅宗の古刹《こさつ》、瑞龍寺《ずいりゅうじ》を案内してくれた。その足で山中温泉へ向かった。

旅館は彼の馴染みらしく、女将は下にもおかない接待をした。夜の宴席の後、妻と一緒に関君の話をゆっくりと聞いた。

関君は、高岡の関病院という大きな病院の長男として生まれた。父は体重百キロを超す体格で柔道四段、中学のＰＴＡ会長も務めた人望の厚い医師だった。外科内科を標榜して、この地方では唯一の大きな病院を経営していた。

跡取りのはずの関君は、幼少のころ小児麻痺（ポリオ）にかかり、左足に麻痺が残った。これが関君のみならず、医師であった父にも深い傷を残した。障害を持ったわが子に、母は有り余るほどの愛情を注ぎ、過剰の保護を与えた結果が関君の浪費癖を深めたと人はいった。

障害を持っていたため中学には進めず、当時の尋常高等小学校の高等科を二年まで修了し、学制改革で中学に編入された。高校は、高岡では学力が付かないと、自分で願書を取り寄せて小石川高校を受験した。そこで土井君、秦君という二人の親友に出会ったわけだ。

千葉大の医学進学課程に進んだが、医学部には行かず、上智大学のドイツ文学科に入った。一年目は優等生だったが、二年目からは学校に行かなくなった。そのころ、彼の庇護者であった高岡の父が急死した。関君は高岡に戻った。父の病院を閉鎖すると言う浮世の大仕事が、突然彼の肩にかかってきた。彼自身も高岡で自立しなければならなかった。

まず、愛人の女性と、高岡市にヘッドライトという音楽喫茶店を開店し店主となった。人に勧められて、自動車の修理販売の会社を始めたが、すぐ倒産した。株にも手を出したが瞬く間に失敗した。そのほかガラス工場、生ごみ処理機の工場などなどにも出資したが、その都度手痛いしっぺ返しを蒙って倒産した。

保証人を何件も引き受けたからだと、彼は渋い顔をした。失敗したのはだまされたのが主だったらしい。

昭和四十三年には別の女性と結婚して、女一人、男二人の子供に恵まれた。八年ほど一緒に暮らしたが、離婚して子供は妻が引き取った。その間に約二千坪もあった病院の土地も人手に渡った。

その後は老母を連れて、転々と借家暮らしだった。母が死んだ後は、一人でなんとか食いつないでいる。父の残したものはきれいさっぱり消尽し、無一物となってしまったと、明るく打ち笑った。彼は一言も人を悪く言わなかった。みんな自分の失敗だと、あっけらかんとしていた。かいつまんで言うと、ざっとこんな調子であった。私は何も言わずに聞いていた。今まで知らなかった関君の過去が、本人の口からすらすらと語られた。そこには何の悔恨も感傷もなかった。

しかしこれで全部理解できたわけではない。それは破天荒な物語ではあったが、具体性を欠いた履歴書のように響いた。何よりも関君の鵺《ぬえ》がどのように暴れたのかは皆目わからなかったし、彼もそこまで語ろうとしなかった。

翌日帰ろうとしたとき、妻が私に耳打ちした。

「関さんはああいったけど、ここの払いは関さんのお世話になるわけにはいかないわ。経済的に困っているらしいから、あなた払いなさいよ」

私が三人分の宿泊代を払うといったら、関君はちょっと困ったような顔をしたが、意外に素直に頷いた。

彼の案内でたまたま開かれていた棟方志功の版画展などを見て帰路についた。私たちが作品を見ている間、関君は靴を脱ぐのは面倒だからといって、車の中で一眠りしていた。

お昼は氷見《ひみ》市の町外れの「きときと寿し」という回転寿司屋に行った。

「こんなところしか連れてゆけなくてごめん。でもここは安くて旨いんだ」

と彼が自慢したように、きときと（いきのよい）の魚に舌鼓を打った。

それから高岡に戻り、ガソリンスタンドに寄った。

「ここも昔は関病院の土地の一角だったんだ。本当は俺が昔開いたスタンドなんだよ」

と、彼は懐かしそうにいった。でもガソリンを入れてくれた従業員は、彼のことなど知らぬ顔で精算のカードを受け取った。

「じゃあ家もこのあたりだったんだね」

「ずっと向こうの角を曲がった先だ。広かったんだ」

とそちらに目をやり、

「今は何一つ残っていないよ」

と、はき捨てるように言った。

富山で別れるまで、気を使って世話してくれた。こんな細かい気配りがあったのかと、私は学生時代の彼を思い出そうとした。そういえば秦君や土井君と三人で歩いていたときも、いつも兄貴分で気を使っていたな、と思い当たった。

私が病気で半身不随になってからも、関君は時々妻に電話をくれた。私の新作能が金沢で上演されたときには、富山の名士を何人か伴って金沢まで来てくれた。どういうわけか、彼の周りには地方の名士が集まっていた。彼は経済的には貧しいはずなのに、一流会社や銀行の取締役やら県庁の役人などをいつも引き連れていた。誰が見ても堂々として、地方の名士に見えた。借金苦にあえいでいるとは見えなかった。

去年の秋、関君から二年も便りがないと妻と話していた矢先、関君の妹から兄の死を聞かされたわけだ。あまりに唐突のことだったので言葉がなかった。

話は前後するが、彼の妹の美子さんとは、私たちが千葉大にいたころ、一度お会いしたことがある。彼女は早稲田大学で演劇活動にのめりこんでいた。卒業後も、詩人谷川雁《がん》の主宰する会で、子供たちのチューターとして働いていた。

三年前に関君が連れてきたので、五〇年ぶりの再会を果たし、以来時々訪問してくれる。彼女が関君の死を教えてくれたのだ。

それを機会に、彼女や彼の周辺から関君の隠された一面が、絵巻物を広げるように語られた。関君の肉体的コンプレックスが、どんなに深いルーツになっていたかは、次の挿話からも知られる。彼の従弟《いとこ》、正さんから聞いたものである。

弟のいなかった関君は、年下の従弟、正さんを、弟分兼護衛のようにしてかわいがっていた。関君が、小学四、五年生の時だと思われる。正さんは、小学校に上がる前だった。関君が、近所の悪童からかなり身に堪えるような侮辱を受けたとき、

「正、こい！」

と叫んで家に駆け戻り、父の大事にしていた白木の鞘《さや》の日本刀を持ち出した。松葉杖をかなぐり捨てて、二足で立ち上がった。右手で不自由な膝頭を支え、左手で日本刀を振りかざして、悪童連中を追いかけた。松葉杖なしでは歩けまいと侮っていた悪童連中は気を飲まれて、わっと声を上げて一目散に逃げ去った。彼の赤く上気した頬と、潤んだ目、そして夕日に血を吸ったようにギラリと光った刀をいまだに忘れないと、正さんは語った。それが後に私が見た、彼の負の情熱につながっていくことは容易に想像がつく。

関君の金の使い方は、一時すさまじいものだった。正さんによれば、金沢の鮨屋で深夜まで飲んでいて、突然、京都まで飲みに行こうとタクシーを呼んだ。それから京都までタクシーを乗り付けて遊んだ。事業や株でだまされて損した後も、この気質は変わらなかった。

彼の周りには、この地方の名士が集まっていた。困っていても、付き合いには金を惜しまない関君の精神的美学のせいだろう。見栄を張っていたのではない。私たちを接待するにも、何くれとなく気を使って、一日中ついて回ったのも彼の本性だった。彼の鵺は、死ぬまで健在だったの

だ。

いよいよ病院の土地や家屋が差し押さえられ、退去を迫られたとき、関君は自宅の応接間にいた。電話を撤去する工事が始まったとき、幼い長女が、

「それは持っていかないで」

と泣き叫んだという。それを最後に、関君は老母と家族を連れて、ほとんど無一物で住み慣れた生家を離れた。

耐えられなかったのは彼の妻だった。無理もないことである。結婚後間もなく長女と二人の男子を儲《もう》けたが、こんなことがあって満八年で離婚し、子供たちは妻が引き取った。奥さんは美しい、しっかりした人だった。離婚した後、奥さんは妹さんとは付き合いがあったが、関君とはほとんど会うことはなかった。

昭和六十一年に、彼の母が亡くなった時のことである。お葬式は、地元で兄を支え続けた末妹の妙子さんと、母方の叔父（医師）の協力で行われた。お葬式が終わった後、皆がちょっと目を離した隙に、香典が無くなった。そこにいたのは関君ばかりだった。母の香典まで手をつけなければならないほど、切迫していたのかと哀しかったと、美子さんは述懐した。

それ以来、関君の家族との縁は切れた。長女だけは父を慕い、連絡を取り合っていたようだが、二人の息子はほとんど父のことは知らずに育った。長男は自衛隊に入り、もう四十に手が届くと思われる。関君の死の直前まで父を疎《うと》んじていた。次男はサラリーマンで、結婚して一児を儲け

たが、関君とは交渉がなかった。いずれも堅実に暮らしているとのことだ。

その家族が再会したのは、関君が死ぬ三年前のこと、関君の両親の法事が行われたときだった。これが父の五十回忌で、最後の法事になるからと、美子さんは関君にも相談した。彼は、今度は全部俺がやると言った。

彼は法事を、親戚一同を集めて立派に済ませた。場所選び、式次第から、お土産にいたるまで、関君らしい気配りと美意識に満ちたものだった。妹の美子さんは、これで兄を許す気になったという。

彼はこの儀式を済ませて、三年目に死の床に就いたのだった。死期を悟って人知れず死ぬ覚悟だったらしいが、長女がそれを察知して美子さんに通報した。美子さんが長男とともに病院に駆けつけたとき、関君は話もできないほど衰弱していた。美子さんが、

「兄さんもよくがんばったね。有難うね。兄さん」

と叫ぶと、突然彼の両眼から涙が溢れ出した。その日から、彼は彼を疎んじていた長男や家族から、手厚い看護を受けて、旬日を経ずして、眠るように世を去ったのである。残されたものは、障害者手帳のほかは、私の著書二、三冊だけだったという。最後まで私を友達として大事にしてくれたのかと、涙がこぼれた。

関君は、いつも自分の鵺が命ずるままに、己の運命に従って生きた。世間がどういおうとかまわない。重くのしかかっていた両親の偏愛も家族の桎梏も、関君の選択を変えなかった。ギリシャ

劇の英雄のように、毅然として運命をひき受けた。甘んじて恥もしのんだ。よほど強い生の衝動がなければできないことである。その情熱は、私たちが一緒に青春のころ養ったものだ。それが生き続けたのだ。

彼が追いかけた夢の実体は窺いしれない。不治の障害と莫大な負債を背負っていても、あの傲岸さを一生貫き通せたのは、関君の鵺がしっかりと取り憑いていたためであろう。遺産も世間体も食らい尽くし、関君の鵺は生き続けたのだ。

ひょっとしたら彼がやりたかったのは、別に大げさなことでなかったのかもしれない。彼が愛した神田神保町のラドリオのような古典的な音楽喫茶の店で、薫り高いコーヒーを淹れ、クラシックのレコードを聴く。周りに彼を理解する知識人が集まる。そこの老店主として安楽な暮らしがあれば満足だったのかもしれない。それを求めて長い長い回り道をした。それはなぜか果たせなかった。彼の鵺がそれを阻んだ。そして七六年の鵺の夢は終わった。

# 百舌啼けば

一九五一（昭和二十六）年の夏、私は東京・本郷通り二丁目にある海老原ゴム店というところに居候していた。年齢の近い、兄弟のようにしていた叔父が東大のドイツ文学科の学生で、このゴム店の留守番をしていた。私は東大受験のため予備校に通うのに上京し、ひと夏の下宿を探していたのだ。気のいい叔父は、私と一緒に暮らすことを快諾してくれた。

これ幸いと、彼が居候していたゴム店の一室に私は転がり込んだのだ。だから「居候の居候」というわけだった。

ゴム店の主人は鎌倉に住んでいた。毎朝きっかり八時に電車で通勤して店を開けた。このころ二人の若い店員も出勤し営業を開始した。本郷の裏通り、旧金助町（現本郷三丁目）は零細な医療器具店、通称「いわし屋」が集まっていたので、部品となるゴム管やゴム栓を商って、かなり繁盛していた。大小さまざまなゴム栓などで店はうずまっていた。今でもその匂いを、懐かしく思い出す。店は代変わりはしたものの、今でも同じところで営業している。

私たちは、夕刻主人が鎌倉に帰るころまでに店に帰り、翌日主人が出てくると、学校に行く。

こうして私たちは、無料のねぐらにありついていた。東大の学生さんならと信用されて、留守番を頼まれていたというわけだ。

主人は、私がいつの間にか転がり込んでも、あまり気に留めなかった。どこの馬の骨とも知れぬ、受験浪人が突然寝泊りするのだから、うれしいはずはなかったのに。

まだ戦争が終わって年もたっていないころで、本郷も、焼け跡がところどころ残っていた。日本橋や月島行きの路面電車が、本郷通りを走っていたころのことである。

店も木造の平屋建てだった。汲み取り便所が一杯になると、店員が汲み取って、裏庭に穴を掘って埋めていた。空き地を隔てた二軒隣はオートバイ屋で、時々はおかみさんが、マーガリンをいっぱい塗ったコッペパンを差し入れてくれた。私たちは、兄弟のように仲良く暮らしていた。この叔父からは、計り知れない影響を受けた。

まだそのころは、裏通りに焼け跡が目立ち、本郷教会が唯一の遠望できる建物だった。周りは粗末なバラックや木造の店舗がひしめいていた。その先は東大の敷地で、爆撃を免れた木々に囲まれた学舎がそびえていた。

その向こうは言問《こととい》通りである。弥生坂を下れば根津、「藍染町」とか「八重垣町」といった風情ある名の町があった。言問通りは上野桜木町から浅草、吉原を通って、隅田川にかかる言問橋につながる。

私は夏の終わりの夕暮れ、根津藍染町のあたりを散歩していた。どこへ行くというわけではない。勤勉でなかった予備校生の私は、ふらりと街中を歩くのが常だった。この日は房総の海で一日中泳いで、火照った体をもてあましての散歩だった。

あちこちに灯の燈りかけた町を、あてどなく歩いていた。すると、間口が一間ばかりの、小さい古本屋が目に入った。店の名は「あいぞめ書店」といった。私は引き寄せられるように店に入った。

本を探していたわけではない。雑然と積まれた古本の山を掻き分けるように奥に進むと、埃のたまった棚の一隅に、『北原白秋全集』と書いた箱入りの一冊の本が目に留まった。何冊もの全集の一冊が、はぐれて紛れ込んでいたに相違ない。

私は何気なく棚から本を抜き取って箱から出し、ばらばらと頁をめくっていった。それは白秋の歌集だった。めくっているうちに、偶然一首の歌に、目が釘づけになった。

「百舌《もず》啼《な》けば　紺の腹掛新しき　わかき大工も　涙ながしぬ」

という歌だった。

私はその半端本をすぐさま買って、そそくさと本郷のねぐらまで急いだ。一晩中この歌を復唱した。なぜか心にぐさりときたのだった。今でもこの歌と、あいぞめ書店のことはありありと思い出す。五七五七七の最後の文字が、「あえいおう」列の一字になっていることもそのとき発見した。とにかく私はこの歌に、強くひきつけられたのだった。

なぜかと、今自問すれば、この歌には「秋の悲哀」というものが凝縮されているからであろう。

私はそれを初めて体験したのだった。

親元を離れ、一人で暮らした夏、その夏が終わろうとしている。その日も房総の海で、一日中泳いだ。海は早くも土用波が立って、海水浴客もまばらだった。客のいない海の家の葦簀《よしず》が、急に勢いを増した風に、ばたんばたんと吹かれていた。もう夏は明らかに終わりだった。どうしようもなくさびしかった。

そうして、私の少年としての夏も、もうすぐ終わろうとしていた。そこから先は皆目わからない。その頼りなさが、「百舌啼けば」の感傷と重なって、私を「秋の悲嘆」に駆り立てたらしい。

その日から幾十年かたって、本郷界隈には、あのむせ返るようなゴムの匂いに包まれたゴム店もオートバイ屋も、同じところにある。藍染町の町名はとっくになくなったが、「あいぞめ書店」は、同じところに間口一間の店を構えている。ただ売っているのは漫画本ばかり、白秋全集などあるはずがない。

でも私の脳裏には、間口一間の古本屋が、まだそのころと同じように、裸電球に照らされて根津藍染町にある。今でも秋の悲しみを漂わせながら。

# Ⅲ　若き読者に

## 世阿弥著『風姿花伝』(花伝書)

新入社員に世阿弥の伝書を読めなどというと、いかにも的外れのように聞こえるかもしれないが、そんなことはない。「初心忘るべからず」とか「男時、女時」とか、日常生活でしばしば聞かされる人生訓の出典は世阿弥の『花伝書』であり、その本当の意味は原典をひもといて初めてわかる。『花伝書』の文庫本をポケットに入れておいて、新幹線の車中などでちらりと入眠剤の代わりに読んでみると、若者がこれから企業の戦士として生きてゆくための知恵やアドバイスを随所にみつけることができるだろう。

十四世紀後半から十五世紀にかけて乱世の室町時代を生きた世阿弥は、いうまでもなく古典芸能、能楽の大成者である。劇作家として、演技者として、そして思想家としても大きな足跡を残した。権力者である足利将軍家の庇護を勝ち取り、混沌のなかから新しい都市文化のパラダイムを築き上げた創造的な知識人でもあった。その世阿弥は、十指に余る著作をものしているが、四十歳ぐらいのころ書いた『風姿花伝』(文庫、一二六頁、四〇〇円、岩波書店)は、彼の思想の原点である。これを起点として彼が六十二歳で完成した『花鏡』まで読み進めば、新入社員としてのスタートから、取締役などの経営者に至る心構えまでさまざまなアドバイスを受けることができるであろう。

というのは、世阿弥の伝書（後継者のために書き残した教導の書）は、単に芸能における専門的な心得とかノウハウに関する著述ではなくて、室町時代という弱肉強食の乱世をいかに戦って勝ち抜き、新しい時代の価値を創造するかという、いわば戦略の書でもあるからだ。『風姿花伝』では、新入社員のような初心者に始まり、やがて経験を積んだ老年に至るまでのライフサイクルの各ステージで、心がけねばならぬこと、心理的な落とし穴、そしてぶつかった壁をどのようにして乗り越えるか、自分の売り込み方や人気の取り方に至るまで、かなり具体的に教え諭しているのである。単なる芸能論ではなく、人生の指針としても読むことができる。

そうはいっても、『花伝書』はもともと能という芸能を学ぶ演技者、それも芸事の後継者を直接の対象として書かれているので、一般の人が全部を丹念に読む必要はない。幸いにして、岩波文庫をはじめ丁寧な解説や注釈を施した文庫本、さらに何種類もの現代語訳や解説書も出ている。どれでもいい、それを拾い読みすればよいのだ。

たとえば、初々しい若者のもつ魅力は一時的な「時分の花」にすぎないという。それをどう発展させるか。やがて中堅社員クラスになったときの違和感やマンネリをどう克服するか、働き盛りを過ぎたころの心構え、もっともすぐれた能力を発揮できる初老期の生き方、老人になってから咲かせる「老木の花」の境地というように、それぞれのライフサイクルでの生き方について具体的なアドバイスがある。ここでは「初心忘るべからず」の本当の意味も明かされる。初心には「是非の初心」「時々の初心」「老後の初心」があるが、もっとも大切なのは「老後の初心」であり、それを忘れて権威主義になって仕事が停滞することを戒める『花鏡』の一段などは、企業の経営者にもぜひ読んでもらいたい一章である。

ほかにも、「一切のことに序破急（導入、展開、およびクライマックス部分）あり」として、それぞれの場に応じた行動への指南や、「心を十分に動かして身を七分に動かせ」と、若者に行動様式の制御の重要性を説いた段、「花と面白きとめずらしきと、これ三つは同じ心なり」と、人を引きつける美の創造のコツなども述べている。「時の間にも、男時・女時とてあるべし」と、ツキのある時とない時の心構えの差、「離見の見」とか「目前心後」とかの字句で、自己を客観的にみることの重要性などを説いている。枚挙にいとまがない重要なサゼスチョンである。

世阿弥の著述を折りにふれ読むことによって、人間がどのようにして「自己」を確立してゆくか、困難をどのようにして乗り越えて理想に近づくか、さらにはどのようにして才能を伸ばし競争に打ち勝つかを考えるヒントが与えられると思う。そういう意味で、『花伝書』は生きた知恵の宝庫であり、現代にも通用する人生の書である。

# 聴診器

昔の聴診器は、いまのプラスチック板と金属のとは違って、白い象牙でできていた。

医学部も卒業というのに、私はあの聴診器が苦手だった。ドキドキとかゼーゼーという音しか聞こえない。それなら聴診器など使わなくてもよかった。

そのころ電気泳動という技術が日本に入ってきた。昭和三十（一九五五）年ごろのことである。まだ滑稽なほど原始的な方法だったが、血液を一滴とって分析すると、肝硬変とかネフローゼなどの病気ならたちどころに診断がついた。私はおろかにも、これこそサイエンスと思い、聴診器と別れる決心をした。電気泳動の研究をするなら、臨床より基礎医学の方がよい。

当時千葉大学には、岡林篤《おかばやしあつし》先生（一九九五年死去）という一風変わった病理学者がいた。先生は、兎の鼻に穴をあけて、卵の白身を毎日注射していた。一年余も注射し続けると、実験的に作ることは不可能とされていたさまざまな難病が起こってくるというのだ。

先生はその理論を、一冊の難解な本にしていた。私はためしにひと夏かかってこの本をノートに筆写してみたが、それでも理解できなかった。これは大変な偉い先生に違いないと、先生の門をたたくことに決めた。

　私は、兎の鼻に卵白を注射し続け、その血液を電気泳動で調べた。驚くなかれ、いろいろな病気が現れた。それは卵白に対する免疫反応で起こったものであった。気がついたら、私はそういう兎に聴診器をあてていた。

　診断技術を超えた、聴診器の持つ深い意味がわかったのは、さらにずっとあとのことである。良い医師は聴診器を通して、病変だけではなく患者の心を聞いていたのだ。

# 新・新人類

必要があって、人類の進化のことを調べていたら、少し気になってきたことがある。

いまから七千万年前の白亜紀に、恐竜の陰でほそぼそと虫を喰らって生きていた哺乳動物がわれわれ人類の祖先である。体が小さくて適応能力に勝《すぐ》れていたため、やがて襲ってきた第一次氷河期にも絶滅せずに生き残り、その子孫は、いまから二五〇〇万年前ごろには原始的な類人猿にまで進化していた。さらに一五〇万年前ごろには直立二足歩行が可能な原人類ホモ・エレクトスが生まれ、約二〇万年前ごろには、ネアンデルタール人に代表される旧人類が世界に分布した。旧人類は、いまから約四万年前ごろにわれわれの属する新人類にとって代わられた。

文化史的にみると、火の使用や巧妙な石器の作製技術は原人類のころからみられる。旧人類の代表ネアンデルタール人は、花で死者を葬るほどの人間的感情を持っていたらしい。

本年〔一九九五年〕六月四日の新聞報道によれば、いまから三万年余り前のアルデシュ洞窟の遺跡に描かれた野牛やサイの壁画が人類最初の画像であるという。言語が使われるようになったのも約四万年前ぐらいからで、新人類になってかららしい。

人類進化の大きな段階は二五〇〇万年前、一五〇万年前、二〇万年前、四万年前というように、一けたごとに非連続的に起こっていることに気付く。進化は明らかに加速しているのだ。この伝でゆくと、次の大きな段階的進化は、千年単位で起こるはずだ。

言語を発明した新人類が生まれてからすでに四万年、文字を発明してからさえも五千年、そろそろ新・新人類が生まれるころである。形に現れていない中立的進化が、もうわれわれの中に蓄積されているのだろうか。

情報化社会は、言語や文字の情報を、コンピューターのビットに置き換えた。シレッとした顔でパソコンを打っている若者の顔をながめていると、「やっぱり」という気がしてくる。

# 時間の時速

物理的な時間を絶対時間、人間が感じる時間を相対時間とすると、私の相対時間の絶対時間に対する「時速」は年々速くなっているらしい。大学の教授をしていた二〇年間などは、あっという間にふっとんでしまって気がついたら六十歳の定年を迎えていたというのだから。

定年になったら少しは時間の速度もゆっくりするのかと期待していたら、研究所の所長という新しい仕事についたりしたおかげで、一日が終って「やれやれ」などと思う暇さえなくなり、気がついて一息入れるのは週末ということになってしまった。

子供のころの一日は長かった。夏の日など学校から帰って、たっぷり昼寝をして起きてからまたひと遊びして、ゆっくりと夕日が山に落ちるのを眺める時間があった。学生のころは、毎日数多くの事件が、一日という時間の中に目白押しに並んでいて、思い出すだけでも長い長い物語になっていた。

それがいまでは、一日どころか一年さえも気付かぬうちに過ぎてしまう。いかなる天魔鬼神のなせるわざであろうか。

さあ、どうしたらよいのだろう。忙しいからといっても、仕事の量を減らしたくらいではどうにもならない。いったん加速がつき出してしまった時間の時速には、そう簡単にはブレーキがきかない。

せめていっときいっときの時間を意識しながら過ごすよりほかないのかもしれない。しかし、心の片隅では時を忘れるほどの興奮を求めていることもたしかで、そちらの方が強いために時間はますます加速してゆくらしい。

時間の速度を感じるのは脳なのだから、脳の方が時々刻々変わっていったのかもしれない。だとすれば、もうそれを甘んじて受けるほかはない。などとぐずぐず考えているうちに、恐ろしいことにまた一日が過ぎてしまった。

時間の時速を遅らせる方法は、どうやらないらしい。

# 性とはなにか

## あいまいな性

人間が「自己」について考えるとき、基本的な属性としての「性」を避けて通ることはできない。私たちは、自分が男であるか、女であるかをまず考える。性は「自己」を規定するきわめて重要な要素である。また、ミシェル・フーコーが『性の歴史』(渡辺守章他訳、新潮社、一九八六~七年)で説いているように、性の営み自体が、きわめて自己言及的なものである。性を考えることは「自己」を考えることでもある。

セックス(sex)というのは、別けるという意味のラテン語secusからきている。人間のような哺乳動物では、男女という区別が自明のことのように存在している。

ところが性の明確な区別を常時もっている動物は、自然界ではむしろ限られている。第三第四の性を持っている動物もある。多くの下等動物は雌雄同体であり、精巣と卵巣の両方を持っている。自家受精のほかに交尾して受精する場合は、どちらの性としてでも働くことが可能である。もっと高級な脊椎動物でも魚類では雌雄同体のものがかなりあるし、自然な性の転換も起こっている。たとえばベラという回遊魚の仲間では、雄一匹に対して多数の雌がいて、ハーレムを形成しているが、そこから雄を除いてしまうと、数時間後には最も勢力の強い雌が、雄のような行動を示すようになる。数日後には精巣が形成されて本当の雄になってしまう。クロダイでは若い間が雄で、年をとると雌になってしまう。同じ個体が、冬の間に精巣を退化させ、次の春には卵巣を発達させて、雌になってしまうのである。

爬虫類では、カメやワニなどは、卵が孵化する時の温度によって性が決定される。温度が二二～二七度位の低温で生まれたカメは全部雄であるが、三〇度以上の高温ではすべてが雌になってしまう。逆にミシシッピーアリゲーターというワニでは、三四度以上の高温で孵《かえ》ったものはすべて雄になってしまい、三〇度以下の条件ではすべて雌になってしまう。そのため、土手の上に作られた巣からは雄が生まれ、低温の湿地の巣からは雌が生まれる。自然界では雌雄の差はかなりファジーに作り出されているのである。

人間でも、性別は本当に自明であろうか。人間を含む哺乳動物では、出生時に外性器の形から男か女かが決められる。外性器の形だけから、本当に男か女かを確定できるのだろうか。それは単に、男として、あるいは女として育てるための条件に過ぎないので、実際には外性器が女のような形をした男性も、その逆のケースもしばしば認められる。

一方、男女というのは遺伝的に、したがって外見とは別に決定されていると考える立場もある。人間は二二対の通常の染色体と、性に関係のある一対二本の性染色体を持っている。女はX染色体を二本持っているのに対して、男はX染色体一本とY染色体一本を持っている。したがってXXは女、XYは男というように遺伝的に決まっている。

しかしあとで述べるように、XXで男になっている例もあるし、XYの女性も存在する。人間の性は遺伝的に一義的に決定されているわけでもない。

人間のもっと高級な性的同一性《アイデンティティ》は、単に外性器の形を含む身体的特徴からだけでは決定されない。自分を女性と意識している男性も数多いし、女性でありながら社会的には男性として暮らしている人もいる。身体的に決定されるセックスに対して、精神的、社会的な性の同一性《アイデンティティ》をジェンダーと呼ぶが、こちらの方は基本的に脳で決定される。ジェンダーは、個体の社会的行動様式によって決まる。

このように、個体の性は決して一義的に決まるものではない。その境界にはあいまいな部分がある。そうだとすると、あなたは本当に男だろうか、女だろうか。絶対にそうだと言い切れるだろうか。

## 遺伝的な性の決定

男と女は、生殖における役割が違うだけではなく、さまざまな点で生物学的な差を持っている。たとえば日本では、平均寿命が女の方が男に比べて六年も長いし、リウマチ性の疾患などは女性の方がずっとかかり易い。古来、男性的な行動力とか女性的な優しさというものが漠然と受け入れられていた。そうした違いもまた、社会的な男女の位置づけだけでは説明のつかない生物学的な違いである。

遺伝的な男女の性はどのようにして決定されるのか。先に述べたように、人間の染色体は二三対で、うち二二対は性に関係なく男女共通に持っている常染色体である。残る一対が性決定に重要な役割を果たす性染色体である。女性はX二本、男性はX一本とY一本である。

すぐに浮かんでくる疑問は、男はXが一本しかないから男なのか、Yがあるから男なのかという疑問である。ところがXが一本でYがない遺伝的な疾患、ターナー症候群というのがある。X一本だけでも生存に支障はなく、性としては女性になることがわかったのである。男になるためにはYが必要らしい。

それでは、Yはどのようにして男を作るのだろうか。Y染色体はX染色体に比べて著しくサイズが小さい。全部の染色体の中でも最も小さい。しかもY染色体上に配置されている遺伝子の数もきわめて少数で、かなりの部分が無意味な反復配列であることがわかっている。それに対してX染色体の方は非常に大きく、生存のために必須な重要な遺伝子が目白押しに並んでいる。血液凝固の遺伝子、色覚の遺伝子、免疫細胞を作るのに必要な遺伝子などいずれも重要な遺伝子である。X染色体を少なくとも一本持っていなければ生まれてくることさえできないことがわかっている。どうやら、Y染色体の方は他には重要な役割がなく、なんとかして男というものを作り出すためにだけ存在しているという印象を受ける。

その貧弱なY染色体の研究が進んで、男を作り出す遺伝子が決定されたのは一九八〇年代後半である。精巣決定因子（*Tdf*）と呼ばれる遺伝子で、この遺伝子を含むY染色体の一部（SRYと呼ばれる）が欠損すると、睾丸が作られず、男になり損ねる。またその部分がX染色体に転座したのを受けついだXXの胎児は、女ではなくて男になってしまう。XX男性の誕生である。

人間の胎児は受精後七週くらいまでは、まだ男でも女でもない状態、あるいは女でも男でもある状態である。それは、男にも女にもなれるような重複した生殖器官の原基を持っているからで「性的両能期」とも呼ばれる。その時期の生殖器官というのは、やがて男性生殖器になるウォルフ管と、女性のそれのもととなるミューラー管で、その両方を持っているのである。

八週目になって、やっと男性への分化が始まる。精巣すなわち睾丸が生まれるのである。このときY染色体上にある数少ない遺伝子のひとつ、精巣決定遺伝子 *Tdf* が働くと考えられている。この遺伝子の働きについてはあとで述べるが、哺乳類の性決定の方向づけの最初の段階で働くほとんど唯一の遺伝子である。

九週になると、作り出された精巣から抗ミューラー管因子というホルモンが分泌され、女性生殖器に分化するはずのミューラー管に働きそれを退化させてゆく。この退化は、プログラムされた細胞死、すなわちアポトーシスによるもので、ミューラー管は不可逆的に消失してゆく。ミューラー管が退化するとはじめて、今度は男性の輸精管のもとであるウォルフ管の方が発達を始める。ミューラー管の積極的な退化がなければ輸精管は発達できない。輸精管が作られる途上で精嚢とか前立腺などの男性の器官が作られてゆくのである。

ミューラー管を退縮させる抗ミューラー管因子が働かなければ、ウォルフ管があろうとなかろうと、あるいは特別なホルモンが働かなくてもミューラー管の方は自然に輸卵管、子宮、膣などの女性生殖器官を形作ってゆく。

したがって、人間はもともと女になるべく設計されていたのであって、Y染色体の *Tdf* 遺伝子のおかげで無理矢理男にさせられているのである。人体の自然の基本形は、実は女であって、男はそれを加工することによって作り出されるわけである。

Y染色体上の *Tdf* 遺伝子がこの時何をやっているかというと、精巣内部で抗ミューラー管因子を作り出すのを促進するように働いているのだ。さらに睾丸が作り出す男性ホルモン、アンドロゲンは、放っておくとアロマターゼという酵素の作用で女性ホルモンに変わってしまうのだが、*Tdf* 遺伝子の産物は酵素遺伝子の働きを負に調節することによってアンドロゲンを男性ホルモンのまま引き留めておくように働く。

　なんと回りくどいやり方で、脱女性化という方向転換をしていることか。Y染色体はこうしてやっとのことで男を作ることに成功するのである。この過程で障害が起これば、みんな女になってしまう。

　それに対して、形も大きく数多くの重要な遺伝子が配置されているX染色体は生存のため必須である。女にはXが二本あるが、一般にはその片方だけが働けば支障をきたさない。男はX染色体が一本しかないので、そこに遺伝的な欠陥があるとそのまま障害となって現れる。さまざまなX染色体上の遺伝子異常が、男性では現れるが、女性では現れないのはそのためである。

　XXの女性では、何ひとつ面倒なことなしに、特別なホルモンが働くからというわけではなくて、ミューラー管は自然に輸卵管に向かって発達し、女性の生殖器官を完成してゆく。その間にウォルフ管の方も特別なホルモンが働くことなしに自然に退化してゆく。女性の方が基本形であるといったのは、そういう理由からである。

　男性の方はこうしたやっかいな手続きの末に、ようやく男になることができるのである。この複雑な手続きにはさまざまな手違いが生じうる。その結果として、さまざまな形でのあいまいな性が作り出される。

　たとえば副腎皮質ホルモンの合成に関わる酵素の異常がある人では、胎児期に、代償性に肥大した副腎皮質から男性ホルモンが分泌される。するともともとはXXの女性であっても、男性のような外性器を持つようになる。たいていは男の子として育てられる。流産防止のために大量のホルモンを投与された場合にも同様のことが現れる。

一方、XYの遺伝子型を持って、睾丸が形成されているのに、女性のからだを持っている人もある。睾丸性女性化症と呼ばれている状態で、男性ホルモンであるテストステロンは正常に分泌されているのに、それを感知する受容体がないのである。X染色体の上にあるとされるアンドロゲン受容体遺伝子に異常があるために、分泌された男性ホルモン、アンドロゲンが働くことができない。そのために、外性器は男性化できずに、女性の方へと分化し、睾丸が股の付け根に隠れているほかは女性の形となる。ふつうの女性でも少量ながら男性ホルモンが分泌され、その影響を受けているのに、睾丸性女性化症では、男性ホルモンが全く働くことができないわけだから、なみの女性よりはるかに女性的な女性の体が作り出される。こうした人は、もともと女性として育てられ、女性としての同一性《アイデンティティ》を持つ。ただ月経を伴う性周期がなく、妊娠することは不可能である。

一九八五年のユニバーシアード大会で、この状態の女性選手が失格とされたことがある。長い闘いの末にこの偏見は覆され、彼女は女性選手として復権した。女性選手の場合は、千人に一人位の割合でこの状態がみられるという。

私の友人の産婦人科医に聞いたところでは、こういう例は日本の女性でも五万人に一人ぐらいの割にあって、疑いようのない女性的な行動様式を身につけている。その場合たとえ睾丸性女性化症という診断がついても「あなたは実は男性です」などという残酷なことは決して言わないそうである。彼女らは通常幸福な女性として一生を送る。

## 脳の性

これまで述べたように人間の性的同一性《アイデンティティ》は遺伝的にも、外性器の形を含む身体的特徴でも一義的には決まらない。しかし、人間は、自分がどちらの性に属しているかを何らかの形で確認している。それは、脳がいずれかの性行動を作り出し、それを確認しているからである。男の脳と女の脳はどう違うのだろうか。

雌の動物には、雄にはない性周期というものがあって交尾行動や排卵などは、この性周期に一致して行われる。雄の動物の方は、性周期などなしにいつでも交尾可能である。交尾の前段階には、雄はマウントという雌にのしかかるような行動を起こす。雌は、それを受け入れるようなロードーシスという尻を突き出すような行動を起こす。性周期も性行動も脳によって引き起こされるので、雄の脳と雌の脳の間には差が存在するだろうと考えられてきた。実際出生直後の雌ラットに男性ホルモンを投与しておくと、成熟した後でも性周期が起こらなくなるし、ロードーシスも起こさなくなる。脳の発達のある時期に男の脳と女の脳は分かれてゆくらしい。

脳の男性分化が始まるのは、妊娠八週ごろ、すなわち精巣が形成されて、そこから男性ホルモン、アンドロゲンが分泌されるころからと考えられている。作られたアンドロゲンは血行を介して脳に至り、発生途上の脳に、不可逆的で決定的な変化を作り出して、男の脳を作り出すものとされている。このアンドロゲンの脳への作用は、繰り返し妊娠六カ月ぐらいまで続くが、脳の発達の一定の時期（臨界期）までに、このアンドロゲンにさらされることがなければ、遺伝的な性とは関わりなく、いずれの脳も女性の脳へと分化してしまう。

ラットのような実験動物で、妊娠後半期から出生直後にかけて、男性ホルモンの作用を低下させるような処置をしておくと、もともと雄であるラットが雌と同様の性行動を示すようになる。そういう動物に卵巣を移植すると、排卵や性周期を持つようになり、雄を受け入れるロードーシスを示すようになる。

逆に、妊娠後期から生後にかけてアンドロゲンにさらされた雌ラットでは、性周期も現れず、ロードーシスも起こさない。たとえ女性ホルモンを投与しても、もはや女性化することは不可能である。

性周期をもたらす性腺刺激ホルモンの分泌は、脳の特定の部位の神経細胞で制御されている。脳の下面に位置する視床下部と呼ばれている部分がある。視床下部というのは大脳の中心部分にあって、さまざまな自律神経機能の中枢として知られている。進化的にも非常に早くから発達していた「古い脳」と呼ばれている部分である。体温調節、内分泌、情動、本能などの重要な働きに参加している。そこには多数の神経細胞が集まっているいわゆる神経核がいくつも存在し、それぞれの働きが現在精力的に研究されている。

性的同一性《アイデンティティ》を決め、脳の性差を示す部位は、性周期や性行動に関与する視床下部や、それを囲むかなり広範な大脳辺縁系にあると考えられている。形の上で最も大きな差を示すのは視床下部の内側視索前野という部位の神経核であるといわれている。神経核というのは、神経細胞が寄り集まってかたまって存在する部位で顕微鏡で見ることができる。調べてみると、雄ラットの内側視索前核の体積は雌ラットの九倍もあったのである。さらに雌ラットに男性ホルモンを投与すると、この神経核の体積が大きくなった。逆に雄ラットを去勢すると、明瞭に小さくなることがわかった。

男の脳というのは、この領域の神経回路網が作り出される妊娠三カ月から七カ月ぐらいのころに、男性ホルモンが働きかけることによって、内側視索前核を中心とする男の脳の神経回路網が作られてゆくものと考えられている。一方、男性ホルモンという特殊なものが存在しない条件でも、脳そのものは正常に作り出される。それが、女の脳である。

こうして発達途上の一定の時期に、脳に男性ホルモン、アンドロゲンが作用すると、脳は男性化することがわかった。そのクリティカルな時期は人間では、妊娠五カ月から八カ月ぐらいであろうとされている。それに対して女性では、男性ホルモンがない中で自然に発生して女性の脳ができる。ここでも男性の脳は、女性の脳を加工して作り出されることが示されたのである。

## 同性愛の生物学

脳の性が胎児期にアンドロゲンにさらされることによって確立するのだとしたら、性的同一性《アイデンティティ》に変化がある同性愛ではどうだろうか。同性愛は、これまで心理学的原因、あるいは生活環境における人間関係によって生み出されるとされてきた。

ところが、人間以外の動物の同性愛的行動が明らかにされてくると、一部の動物の同性指向は遺伝的に決定されていることがわかってきた。たとえば、ショウジョウバエではひとつの遺伝子の変異で雄が雌と交尾しなくなる例が見つかった。この遺伝子を、対となる二つの染色体に持っている雄は雌を忌避し、雄の特徴を持ったハエにマウントするので子孫を残すことができなくなる。

一九九一年八月のアメリカの科学雑誌『サイエンス』にきわめてショッキングな報告が掲載された。カリフォルニア州ソーク研究所のシモン・ルヴェイ博士の論文である。

彼は、エイズで死んだ一九人の明確な男性同性愛者の脳を、同じくエイズで死んだ人たちを含む一六人の異性愛の男性、および六人の女性の脳と比較したのである。

ルヴェイはすでに、動物実験から従来疑われていた視床下部の変化に注目し詳細な比較を行った。視床下部は、すでに述べたように脳の下面に近い大脳の中心部に位置し、自律神経系、物質代謝系の調節のほかに、情動や本能の中枢としても働く重要な領域である。下には脳下垂体があって、神経内分泌系の中心でもある。視床下部は、前部と後部にわかれ、いくつかの神経核を持つ。ルヴェイが注目したのは視床下部内側核と呼ばれている部分で、そこには四つの神経核がある。

視床下部は右脳にも左脳にもあるので、一つの脳で、左右それぞれのサンプルを計測することができる。ルヴェイの取った方法は著しく簡単なもので、それぞれの脳から視床下部の厚さ三ミクロンの標本を作り、四つの神経核の大きさを測定するだけである。こうして大きさを比較してみると、四つの神経核のうち三つ、IHN1, 2, 4と呼ばれる部分には全く差が認められなかったところが第三の神経核、IHN3では著明な差が認められたのだ。まず、ヘテロセクシアルの男性のIHN3は女性のそれの二倍以上もあった。ホモセクシアルの男性のIHN3の大きさは、ヘテロセクシアルの男性のそれの二分の一以下、つまり女性のそれと等しかったのだ。

この事実は、脳の中で男女差すなわち性的な二型性を示すのは視床下部のIHN3という神経核であること、男性同性愛者でIHN3が女性型を示すことは、性的なオリエンテーション（方向づけ）が、この神経核に依存しているらしいことを示す。しかも、やや詳細にIHN3を顕微鏡で観察すると、ヘテロセクシアルの男性のそれが大型の神経細胞で埋まっているのに対し、女性やホモセクシアルの男性では神経細胞自身の数も大きさも小さいことが証明された。

同性愛の成立の要因として、従来はフロイト的解釈に基づく、幼児体験や生活環境を重視してきたが、どうやらそれは、もっと生物学的、解剖学的なものに規定されているものらしい。そうだとすれば、同性愛を異常性欲として差別したり、道徳的に非難したりするのは全く根拠のないことである。同性愛はまさしく、人間の性の生物学的多型性の中でのひとつの形なのである。

こうした研究が可能になった理由は、エイズという病気が現れて、はっきりした同性愛の男性の解剖例が増加したためである。この報告を書いたルヴェイ博士もまた同性愛者であった。

## 男という異物

遺伝的に均一の純系マウス同士では皮膚その他の組織を移植しても拒絶反応は起こらないのが原則である。ところが、雄の皮膚を雌の皮膚に移植すると、マウスの系統によってはすみやかに拒絶されてしまうことが気づかれていた。雌の皮膚を雄に移植しても拒絶反応は起こらない。

雄と雌の違いは性染色体にあるわけだから雌にはない雄のY染色体が、この異物性を決めているはずである。やがてこの異物性を決めている遺伝子がY染色体上にあることがわかり、その遺伝子の産物が、雄のあらゆる細胞の上に存在することが証明された。HY抗原（組織適合性Y抗原）という名前で呼ばれる。

HY抗原は、まさしく生物学的に雌と雄の差を明確に示す分子である。はじめは、このHY抗原こそ、動物の性を決定する分子であり、HYが雄の精巣形成を起こすために必要な分子と考えられたが、実際にはHY抗原自身にはそういう働きがあるわけではなかった。ただ、HY遺伝子座が、精巣決定に重要な役割を持つ *Tdf* 遺伝子座のごく近傍に位置しているため、HYと性決定が並行しているように見えたのである。HY抗原に相当する分子は、さまざまの脊椎動物で発見されているが、実際の役割は不明である。

ただHYが強い異物性を持っていることは、次のようなことからも知られる。雄の免疫系は、自分の中にもともと存在しているHYを「自己」と認めて、HYと反応する細胞を前もって消去してしまっていることがわかった。それに対して雌にはHYがもともとないのだから、HYは「非自己」ということになる。免疫系というのは、あらゆる「非自己」と反応する能力を持っていなければならないので、雄にだけあるHYと反応する免疫細胞が作り出されるのである。雄の皮膚を雌が拒絶するのは、HYと反応するT細胞が雌の中で自然に作り出されていたからである。

この雌のT細胞から、HYと反応するT細胞抗原レセプター（TcR）の遺伝子を取り出して受精卵の中に入れてやると、生まれた動物のT細胞の全部がHY抗原と反応するレセプターを持つようになってしまう。生まれた動物のうち雌では、作り出されたT細胞のほとんど全部がHYと反応するレセプターを持っており、他のいかなる異物とも反応することができない。一方、雄では、「自己」の成分であるHY抗原と反応するような細胞は、たとえ作られてもアポトーシス（細胞の自死）によって自死してしまうので、T細胞そのものが全くない動物になってしまう。HY抗原がいかに強力な異物性を持つかを示す一例である。

男は女にとっては異物であるが、女は男にとってもともと「自己」の中に含まれているので異物にはならないわけである。

## 女は存在、男は現象

これまで眺めてきたように、現代の生命科学が教えている性というのは、遺伝的に絶対的に決定されているものではないということである。性は決して自明ではない。ことに男という性は、回りくどい筋道をたどってようやく実現しているひとつの状態に過ぎない。

人体が発生してゆく途上で、何事もなければ、人間はすべて女になってしまう。ある時点で、貧弱なY染色体が、たったひとつの*Tdf*という遺伝子を働かせることで、無理矢理男の方に軌道修正をして男という体を作り出す。その上、脳の一部を加工することによって、もともとは女になるべき脳の原形から男の脳を作り出す。

人間の自然体というのは、したがって女であるということができる。男は女を加工することによって、ようやくのことに作り出された作品である。男らしいというさまざまな特徴は、したがって単なる女からの逸脱に過ぎないのである。身体的な自己を規定する免疫系からみても、男は女にとっては異物であり、排除の対象なのである。男の中には、必ず原形としての女が残っているので、女を排除することはできない。

こうした生物学的にハードな事実が、社会的にみた男女の差に強く反映されていることを否定することはできない。そればかりか男女という存在自体が、こうした生物学的基礎に支えられているのではないだろうか。

私には、女は「存在」だが、男は「現象」に過ぎないように思われる。

そのためであろう。男女の間にはさまざまなあいまいな性が存在している。従来、性に対する絶対主義的な概念に基づいて、あいまいな性、すなわち「間性」についてひどい差別が行われてきた。半陰陽という言葉のもつ暗さ。同性愛を異常性欲として差別し、ときには道徳的な罪を着せて排除してきた性の帝国主義。

しかし、ここに述べた自然の性の分化過程を考えれば、さまざまな段階での「間性」が成立するのは、生物学的必然なのである。二万人に一人位の割合で、遺伝的な性と反対の身体的な性を持っている人がいると言われる。決して稀なことではない。

まして脳の性は、胎児期のホルモン環境によって副次的に決定される。ことに性行動に関与する神経回路網の形成は、その時期にアンドロゲンにさらされたかどうかで異なる。とすれば、性的同一性の決定は胎児のおかれたさまざまな環境要因（それは大部分母胎からのものであるが）によって左右されるのは当然である。よく知られた統計によれば第二次世界大戦前後の一九四二年から一九四七年に生まれた男性の同性愛者の比率は、それ以前および以後に比べて有意に高いことが報告されている。戦争のストレスが母体におけるホルモンのアンバランスをきたしたためとされている。

しかし私には、間性も間性的行動様式も、自然の性の営みの多様性の中で正当に位置づけられるべきと思われる。性の多様性が、基本的に生物学的な必然だとしたら、それを基礎にして生み出される性の文化的多様性も受け入れるべきであろう。女と、その加工品である男だけという単純化された二つの性と、それによって営まれる生殖行動しか存在しないよりも、さまざまな間性と間性的行動を持った人間の方が、生物学的にも文化的にもより豊かな種のように思われる。

# 鳴らない楽器

昨年〔一九九八年〕、当代随一の能の笛の名手、一噌仙幸《いっそうひさゆき》師が吹いた「清経——恋の音取《ねとり》」を聞いていたく感動した。壇ノ浦に入水して死んだ平清経の霊を冥界から呼び出す笛の独奏部分である。嘆くように、また魂を揺り動かすように、りょうりょうと鳴る笛の音がふと止んだかと思うと、音のない静寂が訪れる。清経の霊は笛の音とともに橋掛りを歩み、笛の音が途切れると足をとめる。笛は、音と音の間の沈黙を表現するために吹かれていた。

笛の音の中に、風に宿る光のようなものが見えた。笛の穴に吹き込まれる一噌師の息が洩れるところに、音というより形象のようなものが現われていた。私は何とも言えない感動で身内がゾクゾクしてきた。

能管という竹の笛が、どうしてこんな複雑なものを表現することができるのだろうか。たかが一本の管なのに。

この楽器には、実はふしぎな工夫がこらされている。まずよく枯らした竹を縦に一六に割ってしまう。それを再び漆で塗り固めて、管にする。吹口と指穴をあけるのは当然だが、その間に通称「喉《のど》」と称する別の竹の管を埋め込んでわざと管にくびれを作る。

こんな構造だから、吹き込んだ息は素直には音を作らない。強く吹き込めば音は破《わ》れ、倍音が多くなる。近くで聞くと耳が痛くなるほどの強烈な破裂音である。指も、打楽器のように穴を叩くように使われる。

これ以上細かい技法を説明するつもりはないが、能管という楽器の構造が、篠笛やフルートのように美しい澄んだ音色を作り出すという目的には沿っていないことがおわかりいただけると思う。じっさい能管の音色は、同じ楽器でも吹く人によって随分と違うし、音程だって統一されてはいない。名器といわれる笛も、名手が吹かなければよい音は出ない。名手の笛にも、音にはならない息の洩れや雑音に似た倍音が含まれている。それが逆に、個性的で複雑な音の表現につながっている。

お能で使われるもうひとつの楽器、鼓もまた鳴りにくい楽器である。大鼓《おおかわ》と小鼓《こつづみ》があるが、大鼓の方は厚い革を演奏の直前まで炭火でカンカンに焙《あぶ》って、力いっぱいにしめあげる。それを指革をはめた右手で打つ。心得のある人が打てば、超音波を含んだ鋭い「カーン」という音が出る。

小鼓の方は、軟らかい二枚の革を中間がくびれた木製の胴につけて麻の紐（調緒《しらべ》）で締め、紐を調節しながら右手でやわらかに打つ。名手が打てば「ポゥン」という多音階性の美しい音が出る。しかし心得のない人が打つと、音は出ない。「ペチャ」という聞くに堪えない音がするだけである。鼓は鳴りにくいように作られた楽器なのである。

たかが打楽器、誰が打っても同じ音が出るはずではないか。物理的外力が作り出す革の振動が打楽器の音なのだから。

ところが鼓は簡単には鳴らない。鼓を解体してみると、革の裏側の中心部分に小さな鹿革が張り付けられている。「裏張り」または「ヘソ」という。これをはがしてしまうと鼓は全く鳴らなくなってしまう。「ヘソ」が大き過ぎても小さ過ぎても鳴らない。能舞台でよく鼓打ちが、革に息を吹きかけたり、唾で濡らした紙を貼り付けたりしているのを見かけるが、そうやって打つ方の革と裏の方の革のバランスをとり、かろうじて音を作り出しているのである。

私は科学者のはしくれなので、鼓を解体してどうすれば音が出るようになるか、その原理を追究してみたが、本当のところはわからない。経験を重ねることで会得するよりほかないらしい。

夏と冬では音が違うし、打つ人によっても別の音が出る。能楽堂で鼓や笛の音を聞くと、今日誰が演奏しているのか当てることさえできる。

日本人はなぜこんな厄介な楽器を作り出したのだろうか。笛の「喉」や鼓の「裏張り」の秘密、いずれも素直には音が出ない原因である。日本の楽器は、音が出にくいように工夫されているとしか思えない。

そういえばほかにも、太棹三味線の駒に鉛を入れて音を重くしたり、琵琶の撥《ばち》で弦をこすったり胴をたたいたり、笙の音にたくさんの不協和音をまじえたりして、西洋音楽にはない複雑な音を作り出す工夫がされている。澄んだ純粋な音色を追求してきた西洋楽器とは違う。日本の楽器は純粋さより複雑な音を目指して発達してきたように思われる。

風の中の光とか、死者への悼み、音のない沈黙、そういった複雑なものを音で表現しようとするならば、それは単純な澄んだ音色ではすむまい。出にくい音を無理に出すことによって、深い心の痛みや存在のうめきのようなものが初めて現われるのだろう。現代という時代は、日本音楽のそこに価値を見出そうとしていると思う。

そんなことを考えながら、鳴らぬ鼓の調節をしていたら、もう一つ別のことを思いついた。近代社会は、あらゆるものに便利で効率の良さを追求してきた。その結果、誰にでも写せるカメラ、どこでも通じる電話、より速い自動車というように、能率的で使い易い物が氾濫するようになった。それはもう限界に来ているし、恩恵とともに弊害も広がっている。カメラも電話もわずらわしいものになった。もう本来の目的を逸脱しているとしか思えない。自動車だって、一部を除けばそんなに速い必要はあるまい。自動車事故は自然災害の事故をはるかに上回っている。

この辺で、古人にならって考え方の転換をはかることが必要なのかもしれない。簡単には写りにくいカメラ、限られた場所でしか通じない電話、あまり速くは走らない自動車。そういうものが開発されたら、世の中はもっと住み易くなるだろう。写真は本当に心に残る風景となるだろうし、通話が制限された電話機は、本当の愛の囁きを伝えるだろう。そこに新しい価値が生まれないとは、誰にも言えまい。

# 人それぞれの時計

日がぐんぐんと短くなったと思うと、またたく間に年が暮れ、容赦なく新年がやってくる。予定表に何の書き込みもない数日間の休息である。一年の時間を線で表すと、お正月はその線が途切れて空白になっているようなものだ。忙しい人たちは、この空白で一年という時を区切る。

自宅にくつろいで何もしない日が数日続くともう仕事始め。暦にまた黒い線がスタートする。次の空白までの一年、線は途切れることなく伸びてゆく。空白と空白の間の黒い線の部分が、どうも年を取るとともに短くなってゆくような気がする。若いころはもっとゆっくりと時間が流れていたのにと思う。線の部分の長さは年齢によって違うらしい。

私は昨年〔一九九八年〕、仕事でインドに二度旅したが、現地の人と二度も時間のことで衝突した。約束した時間までに大事な仕事が進まない。私は怒ってどなりつけたが、彼らは同じゆっくりしたテンポで仕事を進め、結局はギリギリで間に合った。終ってみると、イライラしてどなりつけた自分がばからしくなってくる。

そんな日が続いた中で、町の喧騒を逃れてインドの農村に行った。サリーを着た二人の女が穀物に混ざったゴミを拾っているのを見かけた。広げた穀物の中にしゃがんで、ゆっくりとした動作で一つひとつわらくずなどをつまみあげて一度眺めながら捨てていた。傾いた日差しを受けて、日がな一日、おそらくは昨日も明日も、同じ作業を繰り返すのであろう。

その間に私は車で飛び廻《まわ》り、分刻みのスケジュールを消化している。私の時間と、インドの女たちに流れる時間とでは、時間の「時速」が違っているとしか思えない。どちらの時間の方が豊かなのか。

そう思いながらホテルに戻って、約束の時間になってもやって来ない客をイライラしながら待った。もう三〇分以上も遅れている。私は空白の時間に耐え切れずに、日本から着てきた下着の洗濯を始めた。何というけちくさい時間の使い方だろうか。お茶でも飲んでくつろいで待てばいいのに。

洗濯物を干し終えたころに約束の青年が来た。ちょうど一時間遅れだ。「時計が遅れていたので」と見えすいた弁解をしているが、頼んでおいた書類はていねいに処理されていた。

私はいまいましく思ったが、あとで考えてみると彼の方が正しい。自分のやり方で書類を作ろうとしたら、時間がかかってしまった。約束に間に合わせるためのぶっつけ仕事はしなかった。彼自身の時計のテンポにしたがったのだ。彼の時計の「時速」が、私の時計の「時速」よりちょっと遅れただけなのだ。

私たちは、すべての人間が同じ時計で動いていると思っている。しかしインドの農村の女の時計と、東京のビジネスマンの時計が刻む時間は違う。ほんの一時間の空白にもイライラする私の時計と、依頼された簡単な書類を一日かけて手仕事で完成するインドの青年の時計とは違う。万人が同じ時計で生きていると思っていた私の方が間違っていたのだ。

異なった文化や習慣を持っている民族は、異なった時間の計り方をしている。ますます国際化してゆく社会では、自分の時計で他人も動いていると思ったら摩擦が生ずるに違いない。

時間の直線が途切れた新年を迎え、あらためて今年の自分の時計の速度をどうリセットするかを考えてみたい。人それぞれに刻み方の違う時計を持っていることを再確認しなければ、これからの国際社会を生きることはできないのだから。

# 生命と科学と美——理科が嫌いな中学生の君へ

## 一　星へのあこがれ

星を見るのが好きな少年がいた。夜になると物干し台に上がって星を眺めた。夜空に広がる星空。あれがカシオペア、あれがオリオン。いつの間にか、主だった星座の名前を覚えた。よく晴れた秋の夜など、星の彼方に乳白色の銀河が見えた。昔の人は「天の川」といったそうだが、あれは何億個もの星の集まりだそうだ。われわれが住んでいるこの地球も、月も、そして太陽も、太陽系の銀河に漂う星の一つらしい。

人間が死ぬと星になるといった人がいる。大好きだった祖父はどの星になったんだろう。この星が浮かぶ宇宙に比べたら、本当に人間なんてちっぽけなものだ。そんなことを考えている自分という少年は一体何者なのだ。

それにしても、宇宙ってどのくらい大きいんだろうか。どんどんどんどん宇宙を飛んで行ったら、宇宙の涯まで行きつけるのだろうか。そうしてその涯の向こうには何があるんだろうか。宇宙はいつ始まったのか。そしていつまでも続くのだろうか。宇宙には終りはないのだろうか。

でも人間は必ず死ぬらしい。自分だっていつかは年をとって死ぬ。自分が死んだあとも、この宇宙はずっと続く。自分が死んでから何万年たっても、空には同じ星がまたたいている。

それが、少年が初めて永遠という考えに出会った時だった。少年はぞっとした。自分は死ぬ。死んだあとは何もなくなる。永遠に——。

少年の背すじを何か冷たいザラザラしたものがなでていった。その時少年は初めて人生というものに目覚めたのだ。

あの美しい星空。そこには人間が抵抗することができない永遠の何ものかがある。それに対して、人間は有限で必ず死ぬ。この自分だって——。

ベッドの中で少年はもだえた。「死ぬって何?」だんだん年をとって、最後には棺桶の中で冷たくなっている。やがて腐って骨だけになる。あるいは火葬場で焼かれている自分を想像する。「死ぬんだ。死ぬんだ」。それなのに自分がいなくなっても夜空の星はまたたいている。

少年は、そうして死ぬべき存在としての自分を発見するのだ。少年の腕や肩にはようやく、生きている証拠の張りのある筋肉が育ち始めているというのに。

少年はやがて、夜空に見た銀河の宇宙が一五〇億年も昔にビッグバンという大爆発で生じ、いまもなお膨張しつづけていることを知る。太陽系の宇宙だけでも一千億個もの惑星があり、宇宙にはこうした銀河が無数に存在していることを学ぶようになる。高校、大学と進むうちに、彼は少年の時眺めた星たちが、宇宙の原理に従って存在していることに改めて驚く。

そこには人間まで含めた果てしない世界が広がり、そこに働く法則を、この有限の人間が一つひとつ発見しつつあることを知るのである。

そういう少年が、やがて科学者になるとは限らない。中には本当に物理学や数学を学んで、未知の無限の世界に挑戦したり、天文学や宇宙物理学の研究に一生を捧げるようになる人もいるかも知れない。その科学者が、いつかは世界を驚かすような大発見に立ち会うかも知れない。そうして彼らは、物質の世界に、この世で最も美しい法則を見出すかも知れないのだ。そんなことができるのは、少年のころ星を眺めて、その美しさと恐ろしさに息をのんだ経験があったからだ。それがなかったら、まずそういう機会にはめぐり合えなかったろう。

しかし大部分の星が好きだった少年はそうでない道を選ぶ。プロの科学者になるのはごくごくひと握りだけだ。高校や大学を卒業し、やがてごくふつうの職業を選び、公務員になったり、事務や営業や技術などの仕事につくようになる。

でも、星を見ることによって人生に目覚めた人は、どんな職業についていても、無限の宇宙の中に生きている一人の人間として輝き続けるのではないだろうか。満天の星の夜空に、一つの小さな星がきらめくように、自分をきらめかせるであろう。それは宇宙との関係で自分を眺めたことがない人の人生とは、きっと違うだろう。

## 二　生きものとの出会い

少年のころ、私は生きものが大好きだった。

田んぼでおたまじゃくしを採ってきて掌にのせると、キョロキョロ、キョロキョロと動いた。目玉だって二つある。ふしぎだった。

とうとう手の中に入れたまま学校に行って、授業を受けた。時々手を開いて確かめると、まだキョロキョロと動いていた。安心した。

でも一時間目の授業が終るころ、おたまじゃくしは死んだ。さっきまで動いていたのが、もう動かない。

死んでしまうと、何だか汚いものに見えた。花壇の裏の方に捨てた。何だか悪いことをしたようで悲しかった。生きものって死ぬんだ。死ぬと、あんなに美しかったのに汚くなる。自分が水のない手の中に握っていたからだ。

それは、生命という美しいものが、死ぬと失われることを、初めて知った日だった。そういうときは、心が暗くなる。

| 書名 | | 読者カード |
|---|---|---|

●本書のご感想および今後の出版へのご意見・ご希望など、お書きください。
（小社PR誌『機』に「読者の声」として掲載させて戴く場合もございます。）

■本書をお求めの動機。広告・書評には新聞・雑誌名もお書き添えください。
□店頭でみて　□広告　□書評・紹介記事　□その他
□小社の案内で　（　）（　）（　）

■ご購読の新聞・雑誌名

■小社の出版案内を送って欲しい友人・知人のお名前・ご住所

お名前　ご住所 〒

□購入申込書（小社刊行物のご注文にご利用ください。その際書店名を必ずご記入ください。）

| | |
|---|---|
| 書名　冊 | 書名　冊 |
| 書名　冊 | 書名　冊 |

ご指定書店名　住所

都道府県　市区郡町

郵便はがき

料金受取人払

牛込局承認

8643

差出有効期間
平成31年1月
14日まで

162-8790

（受取人）
東京都新宿区
早稲田鶴巻町五二三番地

株式会社 藤原書店 行

ご購入ありがとうございました。このカードは小社の今後の刊行計画および新刊等のご案内の資料といたします。ご記入のうえ、ご投函ください。

| | |
|---|---|
| お名前 | 年齢 |
| ご住所 〒<br>TEL　　E-mail | |
| ご職業（または学校・学年、できるだけくわしくお書き下さい） | |
| 所属グループ・団体名　　連絡先 | |
| 本書をお買い求めの書店<br>市区郡町　　書店 | ■新刊案内のご希望 □ある □ない<br>■図書目録のご希望 □ある □ない<br>■小社主催の催し物案内のご希望 □ある □ない |

おたまじゃくしが生まれるところを観察したこともあった。五月ごろ日だまりの田んぼの畔で、水草の間にニョロニョロした蛙の卵を見つけた。透明なゼリーのような玉の中に、黒い丸っこいものが入っていた。別のところで見つけた卵の中では、黒っぽいものがピクリピクリと動いていた。それがやがて孵って小さい小さいおたまじゃくしになるのだ。草の陰の静かな水を、そんなおたまじゃくしが頭をそろえて泳いでいるのを見て胸がドキドキした。あのゼリーのような卵からあんなものが生まれたのだ。

茨城県の田舎の中学校に入ったころ、私は木村信之先生という生物の先生に出会った。先生は、ライオンというあだ名で、髪をもじゃもじゃにしていた。ちょっとこわい先生だった。

木村先生は、生物の授業のとき、生徒たちをよく野原に連れ出した。雑草の名前を教えて野や山で生き物たちのふしぎに出会ったことがきっかけだったと思う。その後高校生のころ、理科の教科書で、シュペーマンというドイツの発生生物学者が、イモリの胚を髪の毛でしばって、体がくっついたままの双子のイモリを発生させた実験のことを読んで、その晩は、双子のイモリが眼に浮かんで胸がドキドキして眠れなかった。それほど自分を興奮させた実験が、いまでは遺伝子や分子の働きでみごとに説明されているのである。

たった一個の受精卵が、二つ、四つと分裂を重ねているうちに、頭ができ尾ができ、手足やすべての内臓を備えた一匹のイモリが生まれる。そのメカニズムがいま遺伝子の研究から明らかにされている。人間だって、受精卵という一つの細胞から生まれる。こんな仕組みを作ったのは誰だろうか。神様だろうか。

現在の生物学は、こんな神秘的な発生のプロセスまで説き明かしているのである。生物の形も細胞の働きも、遺伝子、つまりDNAの情報として核の中に書き込まれている。その情報が細胞が分裂するたびに複製され、一部の情報が少しずつ現われて、さまざまな細胞が作り出される。それが複雑な体の構造を作り、やがては赤ちゃんの姿になって母親から生まれてくる。三〇億年以上もかかって、生命が作り出した芸術作品である。そんなことがどうして可能だったのかを、いま生命科学は読み解いているのである。

## 三　美と自然

たとえばアゲハチョウが蛹から羽化するのを見たことがあるだろうか。黒っぽい蛹の皮を破って何だか気味の悪いものが顔を出す。黒い二つの目、触覚が現われ、脚が出てくる。そして徐々に体が現われる。何という醜さだろうか。押しつぶされたようで翅《はね》もない。じっといままで入っていた殻にしがみついて、ひそかに息づいているようだ。じっとじっと待っている。

そのうちにくしゃくしゃに折りたたまれていた翅が少しずつ伸びてくる。しわくちゃな翅に葉脈のようなものが見え、そこに生命が流れ始める。みるみるうちに翅が広がってゆく。たたんだままの翅の中には斑の紋が見え、黄色が鮮やかに染まり、周囲が黒さを増す。しばしの間に、翅がピンと張った蝶の姿に変わる。しばらくじっと息を整えていた蝶は、脚をもぞもぞと動かし始め、二、三度ゆっくりとはばたいたかと思うと、ひらひらと翅を広げて飛んでいった。美しい蝶となって――。それは感動的な経験であった。

私は同じ感動を、ずっとあとで、医学部の学生になってからもう一度経験した。医学部の三年生ぐらいになると、学生は必ずお産の現場に立ち会わされる。

午後も遅くなって、私は大学病院の分娩室に呼び出された。いよいよお産のスタートである。陣痛が始まって、まだ若いお母さんは苦しんでいた。なかなかの難産だった。私はこんな苦しみをする母親ってなんて可哀相なものかと同情した。胎児を囲んでいた羊水があふれ出し、赤ちゃんの頭がのぞいた。血まみれになった赤ちゃんが頭から現われた。首に臍の緒が巻きついている。血と黄色い脂肪に覆われてぐにゃぐにゃの赤ちゃんが出て来た。首に巻きついた臍の緒のためか、仮死状態になっている。看護婦さんがそれを取り上げ、医師が臍の緒をしばって切り離した。そして足を持ってぶらさげ背中をたたいた。赤ちゃんは口から液体を吐き出し、弱々しい声でオギャーと泣いた。

看護婦が赤ちゃんの体を、手早くきれいにし、タオルの上に横たえた。紫色の気味の悪い肉の塊《かたまり》は無意味に手足を動かしていた。泣こうとしているらしいが声が出なかった。

私は、赤ちゃんって、何と醜いものだろうかと思った。それにお産も醜悪で嫌だった。私は、産婦人科の医者には絶対になるまいと思った。

数時間後、私は病室にさっきの母親を見舞った。母親の隣りには赤ちゃんが寝かされていた。その赤ちゃんを見て、私はびっくりして目をみはった。さっきあんなに醜い紫色の肉の塊、しわくちゃで老人のようだったあの赤ちゃんが、いまはつやつやとした血色のいい皮膚を持った「みどり児」に変身していたのだ。たった数時間の間に、老人のような姿から、若さにあふれた幼児に変わって、母親の胸から勢いよくおっぱいを吸っていた。なんという美しい感動的な姿だろうか。その時私は、子供のころ見たアゲハチョウの羽化のことを思い出した。

美しいものは醜いものと隣り合わせにあった。美しいものを生み出すためには醜い時間を経なければならなかった。そして美しいものは醜いものを包含していたのだ。

もうひとつ思ったのは、老いと若さということである。たとえば赤ちゃんは、生まれたときは皺だらけの老人のような顔をしている。それがたった二～三時間の間に若さの極限のようなみどり児に変身していた。そして今度は、長い長い時間をたどって老いに向かって歩んで行くのだ。

蝶の羽化もそうである。硬く醜い蛹から、くしゃくしゃの押しつぶされたような姿で羽化するが、それが間もなく美しい若々しい蝶となって飛び立って行く。そして短い蝶の一生を輝かしい日光の中で羽ばたくのである。蝶もまた老いて一生を終え、蟻の餌食になる。

そこには生物の持っている時間というものが凝縮している。私たちは、生物を眺め、自然を知ることによって、私たちに与えられた時間というものを改めて知るのである。

科学というのは、芸術とちがって別に何かを創造するわけではない。一般には、もともと存在していた事実やルールを改めて再発見する仕事である。すでに自然の中に存在していたものを初めて見出し、そこに働いていた原理を知る。そういう発見によって自然は広がってゆくのだ。

アインシュタインによる相対性原理の発見は、私たちが生きているこの宇宙の本当の姿を私たちに教え、そこに生きる人間の存在がどういうものかを改めて理解させた。宇宙も人間もすでに存在していたものに過ぎない。けれども、私たちの限られた感覚では見ることができない部分があった。アインシュタインはそれを見せてくれたのである。

遺伝子情報が書き込まれているＤＮＡの二重らせん構造だって、何十億年も前から存在していたものである。でも、誰もそこに隠されていた秘密のルールを知らなかった。一九五三年に、ワトソンとクリックという二人の科学者がそれを見せてくれた。すると、あらゆる生物がどうして自分と同じ子孫を残すことができるのか、人間がどのようにして原始的生命体から進化してきたのか、そして一つの受精卵からどのようにして人間のような複雑な生命体が生まれるのかというような謎のすべてを解く入り口が開かれた。私たちの遺伝的な性質が、どのようにして子供や孫に伝えられるのか、自分はどうして親に似ているのかといった遺伝のしくみも、次々に明らかにされていったのである。

そういう発見を通して、私たちの自然の世界が広がってゆく。大きさの極限の宇宙から、極小の遺伝子や分子、そして原子や素粒子にいたるまでを、科学の方法によって私たちは知ることができる。まだまだその先が広がっている。そして、そういう知識を人間はどんどん利用して、生活を高めている。

自然のルールは、例外なく美しい。もちろんその美の中には醜さが包み込まれていることは、前に述べた通りだ。

美しいとは、そもそも何だろうか。私は、自然が時間とともに作り出したものこそ美しさの原型なのではないかと思う。あらゆる芸術は、自然を眺めたときの人間の感動から始まる。何十億年もの時間をかけて、私たちの宇宙が作り出され、そこに生き物が生まれ、私たち人間はその究極の産物である。人間の美への欲求は、進化の歴史の中で作り出されたに違いない。

その自然の中に人間は生きている。自然には崩壊してゆくもの、消滅してゆくものも含まれる。生まれくるものと同時に、滅び消滅してゆくものにも人間は美を感じる。たとえば廃墟の美や老人の高貴さ。それも私たちに深い感動を与える。時間が自然の中に作り出したものを発見してゆくことも、人間にとって美であろう。

だから科学と芸術には共通のものがある。いずれも自然や人間を深く観察し、想像力によって新しいものを発見してゆく営みである。発見はさらに自然を広げる。

人工の美というものもあるではないか、というかも知れない。たしかに私たちが住む都会などは、まさに人工の産物の集まりである。その中にも美しい建築や新しいアートが含まれている。

でも、私たちがそこに美を感ずるのは、それらが私たちの自然を拡大しているからだと私は思う。自然の隣りにおかれてもおかしくないときにだけ人間は人工物に美を感じるのだと私は思う。

人間が作り出したものが、もともとあった自然を広げ、やがては自然の一部に同化してゆくとき、初めて美が達成されるのではないだろうか。

そういう意味で、いつまでたっても自然に同化されないようなプラスチックのゴミやコンクリートに醜さを感じるのは、私たちの自然な本性だと思う。自然にとって異質なもの、自然を破壊するようなものを排除してゆくことも、人間が美を愛し、自然を大切にする基準だと思う。しかしそういう人工物さえも、何百年、何千年という単位では、いつかは自然に帰ってゆくだろう。自然はそれほどに強い。

いままでの学校教育の中で、理科は芸術や文学、社会などとは全く別の世界を扱う教科として扱われてきた。将来、物理、化学、生物学、医学、工学などを学ぶために理系の大学に進むか、あるいは文学、経済、社会、音楽、美術などを学ぶ、いわゆる文系に進むかなどが、もう中学のころから分けられている現状はよくないと私は思う。

本当に美しいもの、人間的なものを発見し、そこにひそむ美しいルールを発見してゆくためには、理科の勉強はとても大切である。哲学、社会学、心理学など、人間にかかわる学問、さらには美を創造する芸術にたずさわる人たちも、人間がよって立つところの自然、宇宙の法則、そして遺伝子やＤＮＡのことを学ぶことは大切である。

そして何よりも、少年のころ自然にふれ、自然に感動したという体験を持つことが大切だと私は思う。理系とか文系とかは関係ない。そして、理系の学校に入って科学を研究するようになったとしても、その研究の原動力になるのは、少年のころ持った美へのあこがれではないかと思っている。

# 能と日本人の個人主義

日本人は集団の一員に安住し、個人としての自己主張をしない民族だといわれている。たしかに、日本人は「和」を重んじ、集団から逸脱することを恐れるため、自己を表面に出さないことを美徳にしている。世界がグローバル化している現在、そんなことで次の世紀を生き延びられるか、とよく聞かれる。

でも日本の文化的風土の中に、本当に個人主義はなかったのだろうか。それも否定的な意味でなく、積極的な意味で――。

私は二十歳ごろから能に親しみ、多少なりとも能の囃子の実技を学んできた。私にとって日本といえば、能に現れる日本人の心である。そこに、二十一世紀に通用する日本人の精神的な規範はないだろうか。少々大げさながら、それを問うてみたいと思う。能という五百年以上も続いた日本の芸能の中に、現代にも通用し、さらに国際社会で日本人がこれから役割を果たしてゆくための「個人主義」の原形を見つけることができると思うからである。

例えば、能の囃子のことを考えてみよう。能の音楽は、二拍子を基礎にした八拍子であることは、誰でも知っている。この八つの拍に打楽器が何を打ち込むかという決まりが、「手」または「手組」である。それぞれの楽器の手組が精緻にからみ合って、能の音楽が立体的に構成されている。

囃子方の修業は、まずこの手組を学ぶところから始まる。大、小鼓、そして太鼓の専門家は、謡はもちろん他のパートの楽器の手組をすべて知らなければならない。しかし自分のパートの鍛練は、他のパートが不在のところで師から受けるのである。暗黙のうちに他のパートの手を意識しつつも、ひたすら自分の手組を習得し、自分の「間《ま》」を確立するのが稽古の基本である。その結果として、囃子方一人ひとりが打つ手組の中に含まれる「間」は、その楽師のきわめて個人的な所有物になる。メトロノームで計れる普遍的な間隔ではない。自分の個人的な「間」を確立しない限り、一人前の囃子方とはいえない。

個人の「間」を獲得した各パートの囃子方が、ある日舞台で出会う。当然のことながら、一人ひとりが別々に確立した「間」は、少しずつ違う。それがぶつかり合って成立するのが能の音楽である。互いに合わせてしまったり、譲歩してしまったのでは能の音楽の緊張感は得られない。それぞれの楽師が、自分が所有している間を強烈に主張し合う。すると、互いに合わせているわけではないのに、結果的には強力な一体感が生まれるのである。それが能の音楽の立体感であり、刺激的である理由である。

「コイ合イ」という手がある。大鼓が八拍子にドンとつけて、長い掛け声をかけて三拍をチョンと打つ。小鼓はこれを聞いて五拍、七拍八拍の三ッ地という間を設定する。

大鼓は打音を消し去った長い間を作り出すのだから、その間は人によって、曲趣によって当然異なる。その間に含まれる音のない拍を、小鼓が聞き取ることによって、三ッ地の間が創出される。小鼓の三ッ地を聞いて、大鼓は次の手の間を作り出す。つまり「コイ合イ」とは、「乞い合い」のことで、お互いに間を要請し合うことによって決められる打音の手組なのである。しかも互いにシカケ合ったり、静めたりして、常に対話しているのだ。

そういうと、何か相対的であいまいなことをやっているように聞こえるかもしれないが、そうではない。それぞれの楽師に聞いてみるがよい。コイ合イの間は、彼らにとってきわめて絶対的で、抜き差しならない間であることがわかる。大小鼓が、自分の固有の間を主張し合って初めて達成されるギリギリの間がコイ合イである。それぞれの自己主張が、一つのエネルギーとなって噴出する手である。

それればかりではない。太鼓も笛も、きわめて個性的な楽器である。一人ひとり違う音程を持つ笛や、微妙に違うきざみ方の太鼓がそこに加わるのだから、能の音楽は一回一回少しずつ違うものになる。指揮者に従って演奏されるオーケストラのアンサンブルとは違うのだ。

もし囃子方が、自分の間を主張せずに互いに合わせてしまったら、能の音楽はフラットなものになってしまう。個性を持った一人ひとりが自己主張し、それがぶつかり合わなければ、能の音楽の立体感は達成されない。だから、何度も「申し合わせ（リハーサル）」をするようなことはしない。それぞれが別個に個性を磨き、衝突させることで、新しいエネルギーが生ずるのである。

この個性のぶつかり合いに負けたり失敗したりすれば、そのパートは脱落するほかはない。他のパートは、それを無視してどんどん進んでしまう。西欧社会における自己主張や生存競争と同じである。ただ牽制したり陥れたりということはない。そんなことをすれば自分が脱落してしまうからである。

能ではさらに、地謡、ワキ、シテ、というそれぞれ強い力を持ったパートが、同時に舞台に上がっている。「シテ一人主義」などといわれ、すべてがシテに奉仕しているようにいわれるが、そんなものでないことは、舞台に上がってみればわかる。それぞれが全力でわたり合って初めてシテが生きてくるので、初めからシテを盛り立てようとしたら能はつまらなくなってしまう。

私はこれが日本の個人主義の原形だと思う。自分の絶対的な間を持っている個性が、互いに主張し合い、ぶつかり合いしながら作り出す一体感。この「間」を「世界」と言い換えても差し支えない。異なった世界を持った人たちが全力でぶつかり合って作り出す一次元上の世界。それが能である。それを「和」と呼ぶのなら、「和して同ぜず」の和であろう。

二十一世紀の世界に日本人が積極的に参加してゆくために、どのようにして個を確立するかと問われたならば、私は能のこのやり方に学ぶべきと答えるだろう。それは集団の中に自己を埋没することによって生ずる和とも違うし、共同体のルールを無視した利己主義とも違う。はっきりとした主張を持った個人が、ルールに従いながら互いに「間」を「乞い合い」、それを微調整して成立する人間関係が、これからの国際社会で求められるのではないだろうか。

すでに翳りを見せ始めた、個人の利益だけを優先させる西欧的個人主義より、能から演繹される日本の個人主義のほうが、一歩進んだものといえるのではないだろうか。

# 見者《ヴォワイアン》の見たもの

見者《ヴォワイアン》というのは、フランスの詩人アルチュール・ランボーが使った言葉で、文字通り「見る者」、「見通す人」という意味である。物事の本質、真の美を直感的に見通す人を言う。

そのランボーの翻訳者であり、日本の近代批評を確立した小林秀雄の生誕百年〔二〇〇二年〕を記念して、彼の著作の全集が刊行され、彼が生前愛した美術品を一堂に集めた大掛かりな展覧会も開かれようとしている。

小林自身も、見者《ヴォワイアン》の名に恥じない美の殉教者であった。彼の骨董好きは有名だが、骨董を見極めることはたやすいことではない。小林は徹底的に自分の眼を信じることを信条とした。それはある意味で危険なことであった。独善的になったり、贋物を摑まされることもある。彼は本物を見極めるために苦しい試練に耐えた。その結果、彼の透徹した眼は、文学でも美術でも、美しいものを直感的に見抜く見者《ヴォワイアン》の視力を獲得した。それにパスしたものだけが、この展覧会（「小林秀雄 美を求める心」展）に出品されていると考えていい。見者《ヴォワイアン》の見たものを眺めるいい機会である。

小林は西洋文学の深い素養の上に、日本文化を眺めた。見者《ヴォワイアン》にとっては、日本も西洋も同じ眼で見る対象でしかない。だから信楽《しがらき》の壺もドガのデッサンも、同じ次元のものであった。彼の興味は、日本の埴輪から西洋の近代美術に及んだ。私たちは小林の目を通して、これらの本物の美を見る。

戦後の日本で、自信を持って日本の美をわれわれに教えた功績も見逃せない。『無常といふ事』に代表される日本の美の姿に対する洞察は、われわれに日本の伝統の力と意味を教えた。彼の美術に対する評価は、若い頃から親しんだ陶磁器や水墨画に対する愛着に裏打ちされ、その延長の上に梅原龍三郎や中川一政を位置づけた。見逃してならないのは、その同じ平面にゴッホやルオーもいることだ。

彼の有名な言葉に、「美しい〝花〟がある、〝花〟の美しさといふ様なものはない」というのがある。彼は観念的に美術品を鑑賞するのを嫌い、ただ見て発見すればいいという態度を一生持ち続けた。

故人が生前愛蔵した美術品を網羅し、末期の一瞬まで見つめ続けたというセザンヌの絵まで集めたこの展覧会は、見者《ヴォワイアン》がどのような眼で美を見ていたのかを知る良い機会である。同時に近代文芸批評の裏側にあった美意識が、どのように培われたかを知ることができる。小林の目玉を借りて、本物がどこにあるかを見てほしい。

# 頬を撫でる風――二十一世紀の元旦に

何事かが終った日の翌朝、ふしぎな風が頬を撫でてゆくことがある。それはとてもふしぎな、心をそよがせる風である。

卒業式や結婚式の翌朝、ときには長い療養の末に家族の一人が亡くなって、その弔いをすませた翌日など、何事かが終って何事かが始まろうとする時吹いてくる風である。誰でも人生のなかで何度か経験するに違いない。

たとえば私の場合、数年前定年で大学教授を辞めた時のことである。私は三〇年余りも大学の先生をやってきた。教授が定年で辞める前には、「最終講義」というのをすることになっている。そのあとお別れのパーティーがある。

長年の間、日常茶飯事のように学生に講義をしてきたが、それも今日限り。文字通り最後の講義である。半生かかって研究し考えてきたことを、一時間半にまとめて講義する。嬉しいような、悲しいような講義である。

その日は、わざわざ外国からも親しい研究仲間が集まってくれた。講堂は学生たちのほかに友人なども加わって満席となった。人いきれの中に、若い学生たちのちょっといぶけき匂いが混じっていた。こんな匂いの中で講義するのも今日が最後だ。

必死で続けてきた研究の総まとめの講義をしているうちに、その時々に手伝ってくれた学生や共同研究者の顔が眼に浮かんだ。自分はこの研究のために半生を費やしてきたのだ。

講義を終えて、女子学生から花束を受け取り、拍手に包まれた講義室を後にした時、私はこれでひとつの時が終ったことを実感した。住み慣れた教授室に戻って、私は三〇年かけて、うずたかく雑然と積まれた本や書類を見廻した。

パーティーなどすべての行事が終った夜は、疲れ果ててベッドに倒れ込んだが、翌朝は清々しい気分で目覚めた。ベランダの椅子に座って、遅い朝の紅茶をすすった。

その時である。ふしぎな風が頬を撫でていったのは。

何事かが昨日で終った。一夜過ぎただけなのに、それが昔のことのように思われる。ある時は楽しかったが、ある時は本当に苦しかった。でも何とか無事に過ぎた。成功とはいえないけれども、敗北でもなかった。それにいく度となく、人の情けに触れることができた。かけがえのない思い出が残された。その日々が、昨日明らかに終ったのだ。別に風が吹いているわけではないのに、私の頬をそっと撫でてゆくものがあった。

それが、「初めての朝」の風である。別に心地よい風というわけではない。嚙みしめると苦い味もあるし、ちくりとする悔恨も含まれている。でも、この風のために私は努力してきたのだと思う。

誰でもそういう経験があるに違いない。結婚式の翌朝、新婚旅行のホテルの窓から吹いてくる風。卒業式の翌日、もう遅刻を恐れることなく起き出した朝、自分が全く違う人間になっていることを発見して胸いっぱい吸い込もうとする風。重い責任を負わされた仕事が完成して、その役を解かれた翌朝、妻が入れてくれたお茶を黙ってゆっくりとすする時、心を澄ますと風が頬を撫でてゆくのを感じる。

それは手放しの幸福感などではない。酸っぱい悲しみや、悔恨の苦さなどが、明日への恐れや不安と激しく混じり合って化学反応を起こしているからこそ、頬を過ぎる風は、ふしぎなおののきを与えるのである。

あの風は一体何ものなのだろうか。大いなるものはもう終ったが、まだ次の章は始まっていない。脳の中で、過去と未来の大きなうねりのようなものがぶつかり合って、脳は震えるように何かを分泌する。それが気圧のような勾配を作り出して風を起こしているに違いない。

二十世紀が終って二十一世紀に入ったという今朝、私たちの頬をどんな風が吹き過ぎていることだろうか。二十世紀はまだ、機械の記憶装置に仕舞い込まれたわけではないが、二十一世紀のファイルもまだ開かれてはいない。今朝は心を澄まして風の音を聞く朝である。

昨日までの世紀を、私たちは必死になって生き延びてきた。物凄く密度の濃い時代を駆け抜けてきたものだ。ずいぶん馬鹿なこともしたが、途方もない達成もした。三五億年かかって私たちの中に書き込まれたDNAの文書も概要が解読された。

でも爽やかな風の中に、ひそかな苦い声も混じっている。昨日までの百年で、私たちは地球をとうとう危険な星に変えてしまった。戦争だって、「茶色い戦争」から、膨張する巨大エネルギーの無色の戦争に変えてしまった。これから私たちはどこへ行くつもりなのか。頬を撫でる風が、一瞬ひいやりとする。

「偉大なる二十世紀」が終った翌朝、それぞれの頬にはふしぎな風が吹いている。子供たちの頬の産毛に、若者のつややかな肌に、皺の刻まれた老人の耳もとに、わずかな戦慄を伴った風が吹いている。

# 皇室

皇室は日本文化の祭祀者、日本伝統の宗家として、今も重要な位置を占めている。起源に疑義をさしはさむなどつまらぬことだ。すでに一五〇〇年もの長きにわたって続いてきたのだから、疑っても意味がない。まず稀有な伝統文化の粋として認めるべきである。皇室の果たした日本の文化、伝統における役割はもはや動かし難い。

ではは祭祀者として、どんなことをしているだろうか。日本の文化の奥深く流れるアニミズム、エコロジーの思想に、皇室は重要な役割を果たして来た。私のように信仰がないものにとっても、もともとこの国にあった自然への畏敬、崇拝の姿は、尊いものとして映る。本居宣長や南方熊楠に見られる皇室への崇敬は、このエコロジー、アニミズムにおける役割からきている。今でも植樹祭を含む自然保護は、皇室の重要な仕事となっている。

「祭りにます如く」といわれる日本の神々のように、天皇の祭祀者としての意味を認め敬うのは自然なことと思える。また「なにごとのおわしますかは知らねども、かたじけなさに涙こぼる」というのは、日本人特有の自然な宗教感覚である。有神論者、無神論者にかかわらず、神秘的なものに「かたじけなさ」を感じる心である。この考え方は、故白洲正子さんに教えられた。

天皇は、神秘に満ちたさまざまな儀式を日ごと行っているらしい。「まつりごと」といわれる行事は、今も続いている。それが現代の常識から、妥当であるかどうかを問うのは的外れだ。伊勢の式年遷宮行事をはじめとする皇室が関与する秘儀によって、天皇はこの国の文化の祭祀者としての役割を果たす。

どこの国の文化も、最奥のところではその民族の信仰に根ざしている。それは体質のように変えることができない国民意識である。仏教、キリスト教と、その時々にドミナントに現れる表面の宗教は変わっても、祭祀に守られた潜在的な国民感情は変わらない。

大内山の奥深く行われている、秘儀の詳細についてはうかがい知ることはできない。即位の儀式で垣間見たような、秘密に満ちた一子相伝の秘儀を、天皇は祭祀者として黙々と行っているらしい。

このことは、もうひとつの天皇の側面、伝統文化の宗家としての天皇の役割に通ずる。しっかりした宗家がいて、変わらないルールがあれば、伝統文化の継承は安心できるはずである。例を挙げるまでもなく、これだけ有形無形の制約に縛られた宗家制度はない。宮廷舞楽の比較的原型を残した伝承も、皇室が存続したからなしえたものである。故高円宮の示された古典芸能の保護への関心など忘れがたい。

幸いにして、また必然的かもしれないが、日本の皇室にはスキャンダルがない。宗家としての道徳的規範がしっかりとしているからだ。エレガンスが求められるのも、宗家の宿命である。

明治時代に定められた、皇室典範などにとらわれる必要はない。女帝を禁じたり、天皇を大元帥として、三軍の長にする愚はもう沢山だ。長い歴史を生き延びてきた、宗家としての伝承やしきたりのほうが、政治的配慮によるにわか作りの法律よりうまくいくに決まっている。

政治や権力からやっと自由になった皇室が、本来的な意味で日本文化へ果たす役割がはっきりとしてきた。それを通して、日本国民の統合の意識が高められるとすれば、歓迎すべきである。こういうものがあるというだけで、民族の心が豊かになるではないか。

## 少年に教えられた命の大切さ

一九五九年に医学部を卒業し、農村の小さな病院に赴任した。初めて受け持ったのは、中学を卒業したばかりの少年だった。重い腎臓病の末期で、あと数カ月の命であることを知って、私はショックを受けた。治らないと分かっていても、必死に戦っている小さな命が、私にはいとおしかった。彼は苦しみの中で懸命に生きようとしていた。それも限界となり、意識混濁に陥った。

そのころ可能だった最新の治療法は、大量の輸血で血液を入れ替えるという方法だった。やったことのない私は、大学の医局に電話をつなぎっぱなしにして事故に備えながら行った。千ccも輸血したころだろうか。少年が突然目を開いて「ああ先生」といってほほ笑んだ。私はそのときの感動を今でも忘れることができない。生きる力はまだ尽きていなかったのだ。

少年は苦しみながらも戦い続けたが、間もなく亡くなった。私は彼の残りの日々を一緒に大切に過ごした。この経験は、私のその後の人生に大きな勇気を与えてくれた。

私は二〇〇一年に脳梗塞で倒れ、重度の障害者になった。声を失った上、右半身は完全に麻痺し、食物さえ自分では取れない。時に死を願うことすらある。でも少年の、命との壮絶な戦いが、私にいつも生きることの大切さを思い出させてくれる。

# 家族と正業　生活の両輪

人が人間らしく生活するために、大切なものが二つある。「家族」と「正業」である。その二つは決して侵してはならない、神聖な社会生活の要件なのである。

「家族」がなければ子供は正常に育ちにくいし、人は幸福な生活を送りにくい。「正業」とはまともな職業のこと、これを持たなければ、一人前の社会人としては認められない。正業について、初めて家族を養える。

ところが、「家族」、「正業」、の二つとも、その形態が怪しくなっている。

まず「家族」。戦後急速に核家族化が進み、夫婦単位で独立した生計を営むのが普通になった。昔は大家族だったから、お正月三が日には、離れていた家族が集まって祝詞を述べ、お節《せち》を祝って、家族の絆を確かめた。こんな風習もだんだん少なくなった。

いまでは、挨拶をすると、そそくさと帰ってしまう。老人は夫婦だけで残ったお節をわびしく食べる。そこに失われているものを考えてみたい。

核家族化で世代間が分断されてしまうと、その家で伝えられた伝統や知恵を伝えることができなくなる。新年のお節料理や風習はもとより、子供の躾《しつけ》、教育なども教えられない。大家族で日常の生活のうちに教えてきた、社会人としての知恵や規範も失われる。今、問題視されている、家庭内トラブルの大部分は、三世代同居で解決されると思う。

介護も三世代が同居していれば、一人だけに負担をかけずに全員で協力できるし、子供は人の優しさを学ぶ機会ができる。離婚も少なくなる。老人は孫の面倒を見ることで癒やされる。子育てだって経験ある姑の知恵で解決する。助け合い精神は子供の教育にもなる。

昔の大家族に嫁いだ女性の苦労を考えて見ろ、と反論される向きもあるだろうが、私たちは戦後、人権について十分学んできたはずだ。戦前のような愚は、もう繰り返すことはないだろうし、社会も許すまい。

第二のもっと深刻な問題に移ろう。「正業」の危機である。『広辞苑』を引くと、「正業」とは「まともな職業」とある。社会的に認められ、安定した収入が得られる職業のことだろう。「家業」はその典型であった。同じ発音で「生業」と呼ばれる「なりわい」は、農業、漁業、林業などの生産業を中心とする、社会の基本となる正業である。

この「なりわい」でさえ、危なくなっているのだ。農業は、「減反」や「生産調整」など、めまぐるしく変わる農政によって疲弊し、食糧自給率が四〇%を切ってしまった。過疎のため立ち行かなくなった農家や、放棄される農地も多いと聞く。「なりわい」が成り立たないという神代以来の危機である。林業、畜産業、漁業、いずれも同じような苦境に立たせられている。いったい日本はどうしたのであろうか。

一方非生産業の、金融経済のほうは、無節操な投資で際限なく膨張した。食糧や燃料価格まで高騰させて、挙げ句の果てに崩壊してしまった。その余波は実体経済の「生業」のほうに押し寄せ、「非正規雇用」を生み出したのも、金融資本を操っていた資本家と政治だった。

「正業」とはいいかねる「非正規雇用」の拡大は、安定した「生業」を本人に与えなかったばかりか、彼らの「家族」を維持する権利さえ奪っている。安定した正業がなければ「家族」は育たない。根っこはつながっているのだ。

近年の経済至上主義は、「家族」、「正業」という生活の基本の二つを、同時に破壊した。それを回復しなければ、この国の将来はないだろう。

そこで提案がある。少子化、高齢化を問題にする前に、補助金を新設して、三世代同居を勧めたらどうか。それが実現すれば、介護や育児の問題は半減する。また少なくとも生産、製造業に属する派遣労働には、「正業」の処遇を与える。そうすれば、「正業」を持つ社会人として、家族を養っていけるだろう。

# 小林秀雄の読み方——若き読者のために

人はいろいろな形で小林秀雄に出会う。

一番多いのは、「批評の神様」から「神の声」を聞くために彼の著書を繙くケースだろう。困難な世界を理解するために、神様といわれた思想家、哲学者としての、小林秀雄の声に耳を傾けることが多いだろう。

しかしそれが本当に小林秀雄の思想を理解することになるとは思わない。彼に近づくためには、もっと虚心に彼の書を読むことが必要だ。

私は以前に「僕らの『アンクル』小林秀雄」という文章を書いたことがある（『小林秀雄全作品』別巻3／新潮社）。青年時代に、彼の全集を古本屋で見つけ、その一冊『無常といふ事』を手垢まみれになるほど読んだ。もちろん大学に入ったばかりの私に、全部理解できたわけではない。学生運動が盛んなころで、若者はマルクス・レーニン主義にかぶれていた。私のような懐疑派はいつも踏み潰されて、面罵されて悔しがっていた。

そんな時小林秀雄は、遠くに住む何でも理解してくれる伯父さんみたいに、頼りになる味方だった。私に教条主義に陥る愚を戒め、自分の感性で物を考えることを教えてくれた。いわば、共産主義のドグマから身を護る、お守りのような役割を果たした。アンクルは、私の思想的貞操を守ってくれた恩人である。

これもひとつの読み方かもしれないが、もっと気楽に小林に接する読み方もあるだろう。たとえば彼を親しい友人にしてしまうのである。今全集の原典を当たることはできないが思い出すことを二、三記してみよう。

友達小林秀雄は、時々ぶらりとやってきてはいろんな話をして帰ってゆく。ある時は文学や思想について真剣に議論する。全集か選集、古本屋ではぐれ本を買ってきてもいい。積読でも心の支えになる。

いわゆる文芸批評では、小林は洋の東西を問わず同じ基準で定点観測してくる。文学作品も哲学も、短刀で突き刺すような文章で批評する。

君が文学青年なら、一度はランボーの詩の魔力にひきつけられるだろう。そして流星のように現れて消えていったこの天才を、めくるめく思いで眺め、当惑するだろう。

そんな時小林の「ランボオ」を読めば、彼がこの蕩児に君と同じように当惑しながら出会い、自ら翻訳までして入れあげて、やがて別れて行ったいきさつを知るであろう。本物を読んで感動する力がどんなものかを教えられるだろう。

また音楽喫茶に誘っては、モーツァルトを聞きながら、これがトリステッセ・アランテ（素早い悲しさ）だよと、「モオツァルト」の音楽に流れる、涙なんかついてゆけない悲哀を指摘してくれる。

　それも彼の乱脈な放浪時代のある冬の夜、大阪の道頓堀をうろついていた時、突然「モオツァルト」のト短調の交響曲が耳の中で鳴り出したという体験から、話し出されるのだから、こちらも耳を傾けないわけには行かない。こうして彼の話は、「モオツァルト」という天才に潜む美の本質に迫る。現実にこんな友達がいたら、きっと親友になってしまうだろう。

　美術館では、ゴッホ、ルオー、鉄斎、いずれも小林自身の目玉で見た体験が語られる。でも解説なんてしてくれない。彼の感動を彼の実体験を通して語ってくれるだけだ。時には骨董について、失敗談を明かし、それにはまった恐ろしさを通じて、物事の真贋を見極める眼の重大さを教えてくれる。

　私は若いころ、デカルトの『方法序説』について小林が、「デカルトの自伝である」と言っているのを読んで、頭をぶったたかれた気がしたのを覚えている。デカルトはそこで有名な「我思う、ゆえに我あり（コギト・エルゴ・スム）」という結論に至る過程を書いている。小林はこの本にデカルト自身の「我」の発見の歴史を読んだ。ちなみに私はデカルトの原典を通読していない。

　小林はコギトの解釈をするより、『方法序説』を成り立たせたデカルトという人間の歴史を見なさいと教えたのである。同じ目がポール・バレリーの「テスト氏」という、いわば悟性の怪物にも注がれている。「テスト氏」はある時の小林秀雄自身でもあった。

もうひとつ、「無常といふ事」に代表される日本人と日本文化の底を流れる思想についての一連の論考がある。これらの文章が太平洋戦争たけなわの一九四二（昭和十七）年から一九四三（昭和十八）年にかけて書かれた。血なまぐさい戦争の背後で、腕を組みながら日本の行く末を案じて、実朝の「紅《くれない》のちしほのまふり山のはに日の入る時の空にぞありける」と、物狂おしい悲しみに目を空に向けている人間は、実朝に身を変じた小林であった。そこに歴史を身にひきつけて案じている小林の目を私は見る。

小林と友達になると、小林の友達にも出会うことができる。近代日本の最も魅力的な詩人、富永太郎、中原中也との無頼の交友があるが、そこに彼らの文学を支えた長谷川泰子とか睦子などの個性ある女性が絡んで、にわかに面白くなる。その友情は抜き差しならない破滅と死をはらんで心を打つ。もちろんその交友の中には青山二郎や白洲正子の顔も交じる。こうした交流を通して、近代日本文学の豊かな流れが見えてくる。

批評というのは所詮自分を語ることだと言った小林は、晩年それを突き詰めて「批評とは無私を得る道」だとも言った。それが正確にどういう意味か私にはわからない。いろんな解釈はあるが、今はそのままにしておく。

彼が晩年全精力を傾けて丁寧に素読したのは本居宣長の著作である。小林は宣長と向かい合って、自ら信じられるまで火花の散るようなバトルをした。それが『本居宣長』という大著になった。学問とはこういうものだと宣言したような書物である。そこには「私」というものは無くなっていた。彼は解釈など拒絶して、ただ宣長の言葉を引きそのクリティカルな読み方を語っているのだ。こうして彼は「無私」というものを得たのかもしれない。

小林の文章は難解だと言われるが、私はそう思ったことはない。彼は論を成立させる文を必死で重んじた。論だけを読んで解釈しようとすることを退けた。文学作品として謙虚に読めば、文が語ってくれる。彼の批評は感性で読み継がれる作品なのだ。難しければ読み飛ばして読めばい い。それでも心に残るのが文学である。

# Ⅳ 科学と医学の未来

# 科学ジャーナリストの育成を——私の紙面批評

二〜三週間ていどは新聞やテレビを見なくても痛痒を感じない私のような者が、この紙面批評のために、四カ月にわたって新聞四紙に毎日目を通してきた。おかげで、新聞というものの組み立てを初めて知ることができた。

たとえば、朝刊の後ろから四面目の通称メディア欄。ここではメディア関係各社が互いに批判しあいながら、切磋琢磨していることがわかった。いわゆる「やらせ」の批判を含めて、報道の過ちや行き過ぎを日常的に正し合っていることに敬服した。

そういう目からみると〔一九九三年〕二月二十日に報道された「対がん十カ年戦略事業、無関係の〝成果〟PR」などは、あきれてものが言えないだろう。一千億円を超す国の事業「対がん十カ年総合戦略」の成果を国会議員などにPRするために作ったパンフレットに、この事業とは無関係な他人の成果がいくつも含まれていたというのである。私も資料を見てびっくりした。この事業が始まる前の他の研究者の業績や、外国人が発見したものまで堂々と入れてある。外国人の研究者が見たら良心を疑うであろう。

『朝日新聞』が、この隠れた事件を取り上げたことに敬意を表する。しかし、こうしてはからずも表面に表れた日本の科学研究、あるいは科学行政の体質的な欠陥に、もっと立ち入って検証してもらいたいと思った。ともすると流行の後追いと人気とりで動いてしまう研究プロジェクト。仲間うちだけでのなれあいの評価やごまかしの成果公表はないだろうか、こうした科学プロジェクトの組み立てや本当の成果を徹底的に検証すべきである。

新聞の役割は、事実を客観的に報道するばかりではなく、その背景を検証し、改善の方策を論じてゆくことであろう。

折しも日本の基礎科学研究の貧困が問題にされている。三月四日の朝刊では、一流国立大学の理工系の研究室の貧しい設備とずさんな安全管理が、企業関係者によって指摘されている。八日の論壇でも三重野博司氏が「なぜ嫌われる理工系博士課程」という一文でこの現実を嘆いておられる。六日の声欄には、分類学を専攻している学生から「基礎科学推進を真剣に考えて」という悲痛な叫びが掲載された。他人の業績まで巻き込んでPRしなければ研究費が取れないといった体質と、裏腹にある深刻な問題なのだ。実用第一主義の企業の研究所ではできないような地道でアカデミックな研究、流行とは無関係の独創的な基礎研究を生み出すための環境、それを実現する行政のあり方を検証していって欲しい。

この二カ月ほどの間にも、そうした検証を必要とする問題が多数報道された。保健や医療の問題に限っても、オランダの安楽死容認、メチシリン耐性黄色ブドウ球菌（MRSA）感染症の多発、多胎児の「減数手術」など重い問題が残された。いずれも事実の背景の方が重要である。医療が単に自然の治癒力を助けるというレベルから、積極的に生命機能に介入するという段階に入っているいま、このような問題は必然的に生じる。すぐには答えは出てこない重い問題である。

こうした問題に対して、古い常識に基づいた正論では対処できない。刻々と変化する社会、科学や技術の進歩、対立する意見を取り入れながら、単なる正論ではない、第三の目ともいうべき新聞のクリティカルな目が生きるところであろう。

そういう意味で、新聞はもっと「科学ジャーナリスト」とでもいうべき者を育てていかなければなるまい。政治や経済に関しては、当事者をはるかにしのぐ良識を持ったジャーナリストが登場する。それに対して、科学の行方を占うようなジャーナリストは日本では稀である。取材に訪れる記者の方も、失礼ながら一般には勉強不足だし、第三の目を持ったというような科学ジャーナリストにはまだお目にかかったことがない。

# 全体をみることは創造につながる——生命科学の地平

一昨年〔二〇〇一年〕の五月に脳梗塞で倒れてから、完全に実学からは引退したので、かえって距離を置いて科学のことを考える機会に恵まれた。過ぎてみると長くもあり、短くもあった研究生活だったが、創造的な仕事をいくつしたかと問われれば、忸怩たる思いを禁じえない。

画家なら、九十歳を過ぎても創造的な仕事をし続けるピカソや鉄斎のような人がいるが、科学者では皆無である。物理学者や数学者ではせいぜい三十歳まで、生物学ではせめて四十前にヒットを打ったことのない人は、一生ホームランは打てないとあきらめたほうがよいだろう。最初に創造性を発揮できるのは、三十前であるのが普通である。その後は、「一創造の百盗作」と言われるように、自分の最初の創造を盗作して世を送るのが常である。

でなければ、研究費の配分を牛耳って悦に入る政治的ボスになるのが落ちである。大体創造的な仕事は、一生に一度か二度できたら幸いとしなければならぬ。六十歳過ぎたら、後進に道を開いて老害を残さぬことを心がけたほうがよい。

だから若いうちに創造的な仕事をしなければ終わりだ。そのためには何を心がければよいのか。そもそも生物学の研究で、創造性とは何だろうか。多少その疑問に答える材料ができたような気がするので、それを書こうと思う。

## なぜ全体をみなければならないか

生物学の特質の一つは、興味の大本が生命という抽象的な全体に、どこかでつながっているという認識である。いかなるトリビアルな発見も、生命という全体のコンテキストに refer 〔参照〕されなければならない。それは生物学特有の価値観でもある。応用できるかどうかは問題ではない。理解のしかたなのだ。小部分の研究が、小部分だけで完結しないのが生物学である。

それが最も顕著に現れているのは、免疫学であろう。たとえどんな小さな発見であろうと、自己と非自己の識別という、個体全体の生物学的行動様式にどうかかわるかに、底辺ではつながっている。すべての発見は全体の問題に refer される。免疫学のおもしろさが思弁的といわれる所以であろう。

生物学一般でも多かれ少なかれそうだ。例えば、ある不明な遺伝子のシークエンスが決定されたとする。化学的認識ではそれで研究目的は一応達成されたので満足するが、生物学ではそうはいかない。

まずその遺伝子が、生命というコンテキストの中で、どんな意味をもっているか、つまりその産物の機能と存在理由（レーゾンデートル）を知らなければ、研究は完結したとはいえない。もしそれが、もっと高次の生体機能との関係での意味があったなら、価値ははっきりするだろう。

その点で、生物学は化学や物理と違う論理を要求している。化学者はよく「わけがわかろうとわかるまいと、物をとったほうが勝ちだ」という。物、つまり物質の構造を突きとめれば、それでいいのだと考える。それも一つの考え方だが、生物学ではそれで満足したら終わりだ。物が決定されたらその意味、その機能を決める戦いがはじまる。物を取ったのは早かったが、働きと意味を発見したのは、別の人ということがよくある。物を取りながらも、ついにもっと大事なことを見逃したというケースはいくらでもある。

シグナル伝達の研究が盛んなころは、活性化した細胞内でリン酸化した微量のタンパク質を吊り上げるという研究が盛んに行われた。運のいい人を除いて、多くの人はこの小さな池で水に溺れた。ゴマンとあるリン酸化されるタンパク質の中で、意味のある物に出会うためには、全体、つまり生物学的コンテキストが必要だったのである。

だからまず遺伝子をノックアウトして、それから考えるという、運試しのような研究がはやったが、それは生物学の本筋ではないと思う。それが大成功しようと、私は本質的に二流だと思う。遺伝子ノックアウトがはやっているが、実験で予測されるのは、常に三つの結果のみである。

第一は、何も出ないこと。その場合は、他のノックアウトマウスと交配するなぞして、考えをはじめから構築しなおさねばならぬ。第二は、予想どおりの結果が出ること。それは高級なコンファメーション〔確認〕に過ぎないと思わなくてはならない。研究は出発点に戻る。第三は、全く予想しなかった結果が現れること。これは最もおもしろいが、当面の実験の目的とは違うから、はじめから考えを組み立てなおさなければならない。ノックアウトマウスの価値を否定するものではないが、生物学の論理を忘れると、陥りやすい陥穽もあるのだ。

私は若いころスタンフォード大学の、化学出身の有名な教授を怒らせたことがある。彼は長いことウサギの免疫グロブリンのアロタイプ〔IgG、IgEなどの型〕を決定する仕事をしていた。私は不遜にも、どうして今、アロタイプを決める実験が必要なのかとたずねた。

答えは「そこにアロタイプがあるから調べる」だった。アロタイプを決めておけばいつかは役に立つかもしれない。それが研究者の役割なのだと。路傍の石を拾うようにやっている研究に、若い私は疑問をもった。そんな研究は私はやらないといった。いかにも無礼な私の発言に、彼も色をなして怒った。

それから長い真剣な議論になった。研究室中の若いフェローたちが丸く囲んでそれを聞いていた。しかし結論が出るはずがない。彼は化学者としては正しいのだ。いくら路傍の石でも、事実は記載すべきだ。価値論などいらない。その証拠に、ウサギのアロタイプの詳細は、彼の発見として教科書にも載っているではないか。

でも私はそういう研究は二流だといった。若気の至りだが、今でも思っている。アロタイプが無意味だというわけではない。少なくとも生物学者にとっては優先順位が低いといっているのだ。生物学的にどんな意味があるのかという視点が欠けているからである。

## 生物の階層性

この哲学的な問題を考えるためには、生物の階層性ということを考えなければならない。自然の階層には、そんなものがあるだろうか。まず手っ取り早く生物としての人間を考えてみよう。人間は細胞からなっている。人間やその病気を理解するためには、細胞の性質を知らなければならない。人間のあらゆる生理、病理を細胞レベルで理解するのは、人の病気や生理機能を知るためには必須である。

どのようにして知るのであろうか。細胞機能を受けもつ分子の構造と機能を解明すること、そしてそれを操る遺伝子のしくみを理解することがまず必要であろう。その際には、分子機能に関与する活性酸素や$Ca^{2+}$などの元素の諸性質にまで還元されるものもある。生物学ではそのレベルまでだが、ほかの科学では原子、素粒子 etc. と、もっと階層が低いものに還元してものを考える。

こうして階層をより低いものに還元することによって、上の階層の現象を説明するというのが近代科学の方法である。もっと上の階層には、社会、行動、歴史などの社会科学の対象があり、人間の情動、思考、芸術など人文科学の対象となる問題が控える。別の捉え方をすれば、さらに地球、宇宙、大宇宙というような階層の広がりを考えてもいいだろう。

しかし、下の階層に還元しただけでは、ものを科学的に理解したことにはならない。例えば細胞をどんなに微細な分子に還元しても、細胞の意味はわからない。つまり細胞は分子の機能の単純な総和ではない。細胞になってはじめて現れる機能があるのだ。

上の階層は、下の階層のルールに拘束されてはいるが、新しい固有のルールをもっているのだ。したがって下の階層に、いくら微細に還元しても上の階層のルールはわからない。

その間にゲノムという階層を挟んでみてもよい。遺伝子の構造をいくら解析してみても、ゲノムの安定性や完結性は理解できないだろうし、遺伝子の発現の調節などの、ゲノムレベルでの問題には近づけない。

つまり上の階層の事象には、下の階層にはない新しいルールが生じている。還元主義では、この新しいルールは理解できない。下の階層に還元しただけでは、科学的な認識とはいえないのである。ゲノム解析という labor〔作業〕が終わって、その後は何かというと、遺伝子にはないゲノムという階層でのルールを突き止めることである。それは遺伝子レベルのルールに拘束されてはいるが、遺伝子と同じ方法論では解明できない。ゲノムのレベルでのルールである。

このように階層や境界を越えた全体を考えると、実験の論理を明確にすることができる。一時期、脳の海馬における記憶形成に関する遺伝子が話題をよんだ。ある遺伝子をノックアウトすると、記憶が形成されなくなる。するとこの遺伝子は、「記憶の遺伝子」として喧伝された。

それが論理的に誤りであることは明らかであろう。確かにこの遺伝子の発現は、記憶の形成を含む細胞内情報伝達に必須であろう。でもそれは、記憶以外の脳細胞、あるいはもっと広く一群の細胞の活動に必要な分子である可能性がある。そのような一般的な細胞機能をつかさどる遺伝子であったとすれば、「記憶の遺伝子」という結論は間違っている。単に特定の細胞機能に必要条件をみていたに過ぎないのだ。上位の階層における記憶は別のルールによっている。記憶は、そのジェネラルな分子を下位の階層で必要としていたに過ぎない。

このように、全体をみないで実験していると足を踏み誤る心配がある。生物学は溺れやすい池なのだ。

## 創造性について

科学における創造性が重要と言われている。しかし、それは無から有を生ずるようなことなのであろうか。私はこう思う。それは階層や境界を越えた真理の発見、つまり階層、境界間の臨界条件を、事実によって解決することだと思う。

これは社会科学者の鶴見和子さんに教えられたことであるが、アメリカの心理学者、哲学者、アリエティ（Silvano Arieti）によれば、創造性とは「これまで結びつかないと考えられていた事物を、結びつけることに成功したこと」を言う。ここで成功といっているのは、芸術ならひとを感動させること、科学ならその理論や発見がほかの科学者の仕事に役立つ、またはそれを変化させることを言う。まさに境界と階層を越える真実である。

抽象的な議論をやめて、思いつくままに、二〜三の例をあげてみよう。いずれもよく知られた仕事である。

TGF—βは、形質転換増殖因子や炎症性サイトカインとして固定されていた。それだけでは数あるサイトカインの一つでおもしろいわけではないが、TGF—βのファミリーに属するアクチビンが、シュペーマンが発見したオルガナイザーとして働いていることが、浅島誠氏によって発見されてから、俄然話はおもしろくなった。しかもアクチビンは、卵胞刺激ホルモン（FSH）分泌の調節物質として知られていたものだ。内分泌、免疫、サイトカイン、個体発生と、階層や境界を越える発見だったから、皆が感動したのだ。

やがてTGF—βそのものも、発生での背腹軸決定に働くことが発見され、細胞の階層の増殖制御や炎症とは違った、個体発生のレベルでの新しい働きがあることがわかった。

浅島氏の発見は、普段は結びつかないホルモン、炎症性メディエーター、個体の形態形成という階層の異なった事象を感動的に結びつけ、この領域の研究者の概念を一変させたもので、創造性は疑いない。その後のシグナル伝達の細部の研究より、この一番はじめの発見が、より強い光を放っていると思う。「一創造、後はその盗作の繰り返し」と言った大野乾先生の言葉を思い出す。同じように、広い意味でのサイトカインに属するＢＭＰやＦＧＦも、細胞レベルでの増殖制御のほかに、背腹軸の決定や肢芽形成など、個体発生のグロッスなプログラムにかかわっている。サイトカイン様物質の階層を越えた機能を研究すれば、階層と境界を越える条件が解明されることになるだろう。

もう一つは、遺伝子の構造上の特徴からアイデンティファイされたものが、予想されなかった機能をもっている場合である。たとえば、ホメオティック遺伝子の予測を越えた働きがある。ショウジョウバエで発見された *Pax6* は、単眼であれ複眼であれ、目の発生のマスター・ジーンとして種を超えて制御している。それが人の小眼球症の遺伝子やマウスの *small eye* gene であったことは、一つの転写因子が、種や臓器という階層を越えた全体の発生に直接にかかわることを劇的に示した。最近の研究によれば、免疫を抑制する制御性Ｔ細胞（Regulatory T cell）の運命決定も、ショウジョウバエの末端形成を支配するHN3という転写因子から同定された遺伝子のHoxP3だという。単なる転写因子が、異なった領域と階層で異なった働きを現すことは感動的である。ことに樹状細胞の抗原提示能との関連も含めて、免疫システムの構築に関する重要な発見である。

幹細胞の研究では、はじめの分化が何を契機に起こるか、増殖と分化の決定因子などが、興味をもたれている。それは階層を変えれば、個体発生の初期に起こった運命決定の事件と等価である。ショウジョウバエの神経系の発生の一番はじめに出現するNotchとDelta遺伝子産物の間で起こる側方抑制（lateral inhibition）に相当する事件が、造血幹細胞でも中胚葉性幹細胞でもみられるのではないかと考えている。ランダムの中から秩序がつくり出される初期原理は、そんな引き金がないと説明できない。特に分化する細胞があるのに対して、分化しないで、そのまま増殖し続ける幹細胞が残るのはなぜか、いまだにわからない。

## スーパーシステム

図（次頁）は両生類の個体発生とヒトの造血性細胞の発生という階層の違った問題を、ラフに引き比べたものである。階層は違うが、両者には多くの符合があることに注意したい。

まず、それ自身では何物でもない受精卵と幹細胞が、単純な「自己複製」をしているうちに、おかれた場に応じて（Notch–Delta の関係のような event を通して）運命の決定が起こり、多様化が起こる。後はマスター・ジーンを含む転写因子群の逐次的活性化によるが、それぞれの段階で多様なサイトカインによる複雑な細胞間の相互調節が起こり、「自己生成的」に進むのが特徴である。

もう一つ両者に境界を越えて共通のことは、サイトカインなどの外部からの刺激が、分化、増殖などの細胞の行為の発現に転換（transduce）されるとき、外部情報は必ず大本にある遺伝子情報に refer〔参照〕されていることである。つまり外部情報は内部情報に転換され、固有の形質として現れることである。

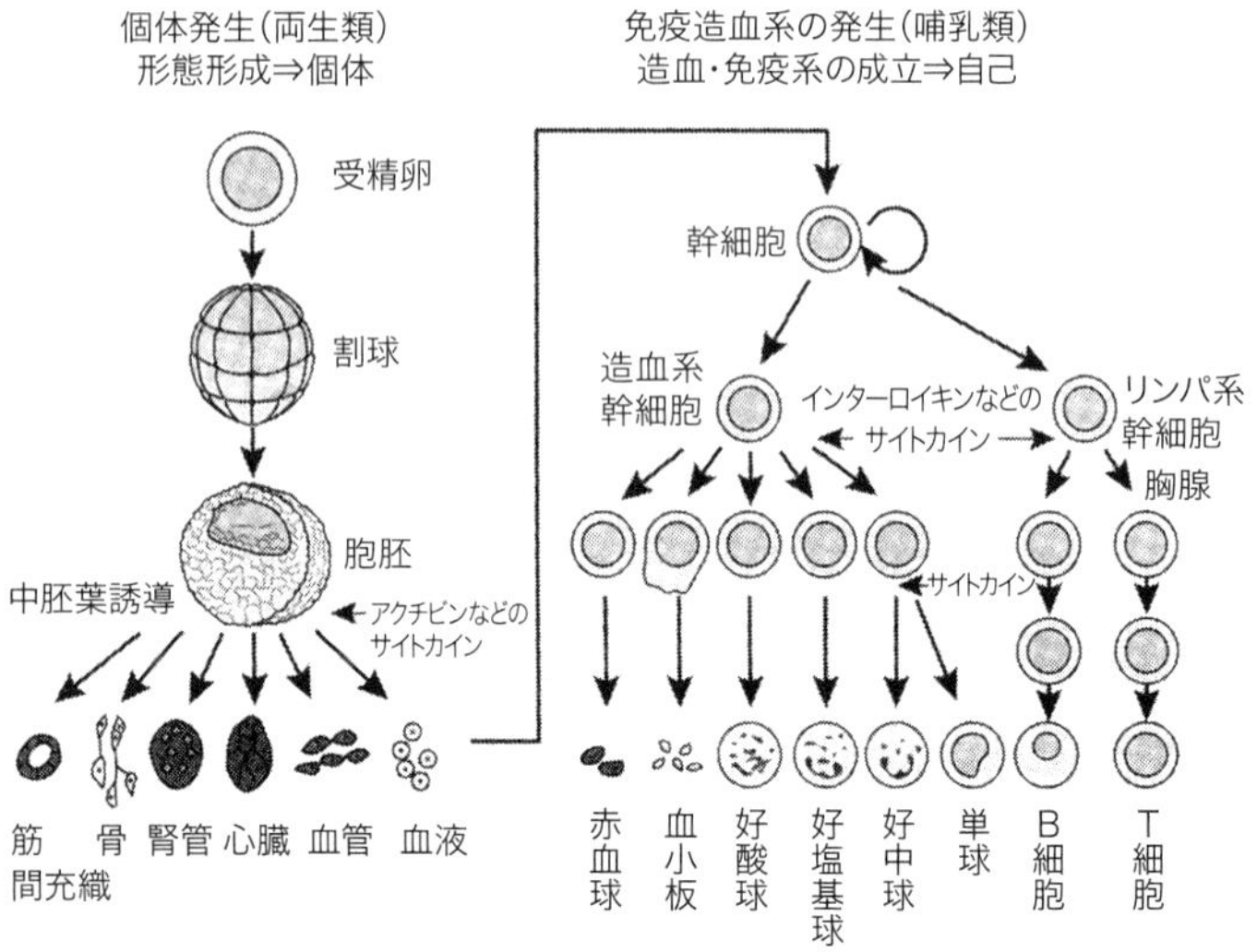


**図　両生類の個体発生とヒト造血系細胞の発生**

個体発生と免疫造血系の発生には、階層を越えたアナロジーがある。幹細胞の自己複製にはじまり、自己多様化、自己組織化をへた自己の成立過程がある。そこには共通の細胞間の情報伝達のプリンシプルが使われている。ほかにも間葉性幹細胞から骨軟骨細胞や筋肉が発生するのも、神経系幹細胞から多様な脳神経細胞やグリア系細胞群が生まれるのも、同じやり方である。そのように自己複製にはじまり、自己言及しながら多様化し、自己をつくってゆくシステムをスーパーシステムという。それぞれのスーパーシステムは、個体というより大きなスーパーシステムの中に入れ子のように入っている。そこには生命の普遍的なルールがみて取れる。

したがって生物は、遺伝子を単に dictate〔指令〕するだけの閉鎖系でなく、また外部の情報にのみ依存する開放系でもない。開放性を利用して、内部の情報発現を変革しつつ、形質をつくってゆくのである。この場合、成立するのは自由度がある程度存在するが、常に遺伝的な内部情報に拘束されたシステムである。「自己言及的システム」といっていい。私はこれをスーパーシステムとよぶ。

システムとは、多様な要素を組合わせて、ある目的の行為を行わせるものだが、スーパーシステムは要素そのものを「自己生成」し、「自己多様化」する。しかもそれらを「自己組織化」する性質ももっている。さらに目的まで自ら決定する（自己目的化）。生命はスーパーシステムの代表である。

キーワードは「自己」である。生命にとって、「自己」とは何かという問題に直面する。ゲノムはどう「自己」を規定しているのか。私は、これから生命における「自己」とは何か、それを生成している原理は何かを考えていきたいと思っている。「自己」は生物の全体と部分をつなぐ結節点だと思う。体で稼ぐことはできなくても、考えて創造することはできるはずである。

# 先端医療と医学教育

一般の方には馴染みが薄いかも知れないが、大学の医学部に入学すると、学生たちはまず医学を学ぶのに必要な一般教養としての語学、生物学、化学、物理学、統計学などの授業を受ける。哲学や倫理学、社会学などの科目を受講させる大学もあるが、必修ではない。

その後学生たちは医学の基礎となる解剖学、生化学、生理学、衛生学などを教えられ、ついで人間の病気や健康に直接関わりをもつ病理学、公衆衛生学、微生物学、免疫学、栄養学などへと進む。これらがいわゆる基礎医学で、それを学ぶことで生物としての人間の生命活動と、それが阻害されて起こる病気の仕組みについての理解を深めていくことになる。

基礎医学の勉強がすむ第四年次ごろから、臨床医学の教育が始まる。内科、外科、小児科、眼科などの実際の病気の診断や治療を学ぶのである。初めて聴診器を与えられて、一種の誇らしさと戸惑いを感じるのはこのころである。

私が医学生だった一九五〇年代には、臨床教育の最初の課目は内科診断学で、徹底的に聴診、打診、触診などを教えられた。呼吸音や心音の聴き方、胸を叩いた打診音で心臓の大きさを知り、肺の状態を察知する。レントゲン写真を撮ればもっと正確にわかるのに、なぜこんな不確かなことをするのかと私自身も不満に思った。私は聴打診はひどく不得手で、そのために基礎医学に進んだようなものである。

以前は教養課程、基礎医学、専門課程というように三段階に分けられ、それぞれのステップを必ず通ってきたが、最近では六年間一貫教育ということで、教育の前倒しが起こっている。一年次からもう解剖学の講義が始まり、専門課目も二、三年次に繰り込まれるというように、前半の課程が縮小される傾向が出てきた。ここ三〇年ほどの医学の進歩は目覚ましく、六年間に学ばなければならぬ知識の量が爆発的に増え、医師国家試験に備えるための専門課目に、より大きなウエイトがかけられるのである。いきおい一般教養は圧縮され、哲学や倫理学といったものは省略・廃止されるという結果となった。

こうした医学部の勉強は結構厳しいから、小説を読んだり劇場に行ったり外国旅行をしたりなどという、多様な人間に接する機会はますます減ったらしい。うっかり遊んでいると国家試験に落ちてしまう。このごろの国家試験は膨大なマークシート式の択一問題が多く、かなりの知識、それも暗記力が要求される。私などはもうとうてい受からない。

一方、生命科学の爆発的進展によって、さまざまな病気のメカニズムが分子や遺伝子の欠陥、そして個々の臓器の特定の機能不全として明確に規定できるようになった。そうした変化は、先端的な検査技術によって曖昧さを残さず診断できるようになったし、それを治療するための先端医療も飛躍的に発展した。聴診器など、出る幕はなくなったのである。

このこと自体はありがたいことではあるが、こうした教育環境で育った医師たちには予想されなかったような問題が現われてくる。たとえば、機械による検査結果に頼るために患者の視診、触診、聴打診などの教育は軽視される。たしかに先進的検査を行なえば、重要なデータは、机上のコンピューターにすべて明示されるのだから、主観の入る聴打診よりどれほど科学的か知れない。

しかし聴診というのは、単に呼吸音や心音を聴くために行なうのではない。患者に直接向かい合って、言葉にはならない訴えを聴き取るためのものなのである。同じように触診は、手掌という鋭敏なセンサーを使って、患者の内面の痛みや機械では測定できないサインを感じ取るために行なうのだ。

私の主治医は有名な国立大学の内科教授だが、私の胸の聴打診など一度もしたことがない。私の顔ではなく机の上のコンピューターを見て診断する。医学者としてはすばらしいが、医者としては疑問である。レントゲンやCTスキャンだけでは、患者の本当の痛みや訴えはわからないからだ。同様に、たとえ疾患の原因が特定の分子や遺伝子の欠陥としてとらえられるとしても、目の前に座った患者にとっての病気はそれだけにはとどまらないはずだ。医者の仕事は、部品の欠陥を見つけてそれを修理することだけではない。聴打診や触診は、データには現われない病気の徴候を探り出し、患者の言葉にならない声を聴くためのものである。

そういう教育は、いまの医学部の課程には含まれていない。

## 職業としての医師の変貌

「ER（救急救命室）」というNHKのテレビ番組をご覧になった方は多いであろう。シカゴの郡立病院の救急治療室を舞台に、そこに運び込まれる患者や対応する医師たち、その人間関係、私生活や感情まで盛り込んで、単なる病院ドラマを超えて、現代社会の明暗をあばいた感動のドラマとなっている。初め衛星放送だったのが、爆発的な人気を得て、日曜日深夜の総合テレビで放映されるようになったのもうなずける。

犯罪、交通事故、生活苦、福祉の欠陥、超高齢化社会、男女関係といった私たちを取りまく日常の社会問題が、近代医療の場という舞台で一挙に噴出し、それに対処する医師たちの個性や赤裸々な人間性が露呈されてゆく。

しかしこのドラマに登場する医師たちは、私たちがこれまで日本で接触してきた医師像とはどこか違っていると思われた方も多いのではないだろうか。ネクタイをしめ白衣を着、ゆったりと診察室に温顔で座っている日本の開業医とは違う。学識や人格の滲み出た日本の大学病院の医師たちの姿ともあまりに違う。

このドラマを見た日本人は、あれはアメリカという遠い国の大都会の特殊な救急病院、しかもフィクションの世界でのできごとと、まるで対岸の火事のようにみているのではないだろうか。平和で豊かになった日本の社会では現実には起こり得ないとみているのではないだろうか。

たしかに「ER」は、荒《すさ》んだアメリカ社会の先進医療の現場という特殊性を反映している。しかしここに働いている医師たちは、別にアメリカだけに生まれた特殊な職業人ではない。日本でも医師という職業が「ER」にみられるのと同じ方向に変貌をとげつつあるのだ。

日本では最近まで、医師は人格と識見を持った権威ある社会的存在と位置づけられてきた。建設作業の現場監督や作業員のように、血相をかえて飛び歩いているようなイメージはなかったはずだ。

別にそれが否定されたというわけではあるまい。しかしそれよりも前に医師はまず、人体という機械の修理と維持のために働く専門の技術者として位置づけられるようになったのである。人格や識見などは二の次で、権威や地位などは本当はない方がよい。

この二〇年ほどの間に、職業としての医師像は急速に変貌した。はじめから尊敬されるべき社会的ステータスとしての医師があるのではなく、自動車の修理工やビルの維持業者と同じく、まずスキルを持った高度の専門的技術者として医師は位置づけられたのである。近代社会における職業としては、当然の位置づけである。

そうした社会的要請に応じるために、医学教育の内容も一変した。六年間一貫教育という名のもとに、従来行なわれていた二年ほどの教養課程は廃止され、初めから医療技術習得に直結する専門教育がスタートする。その背景には、ここ三〇年ほどの医学知識の爆発的な増加と、先進医療技術のめざましい発展があった。たった六年間の教育で、この膨大な知識のすべてを蓄積し、最新の技術をマスターしなければならない。そうでなければ国家試験に合格できない。その上で、細分化された専門領域のスペシャリストとしての修練が要求されるのだ。

医療そのものの内容の変化も見逃せない。もともとは目に見えなかった身体内部の変化を扱ってきた内科医も、画像診断などで患部を直接に見ることができるようになった。そこにじかに介入する医療技術が開発されると、目に見える外的な変化に直接手で対応してきた外科医との間に、本質的な差がなくなった。

三〇～四〇年くらい前までは、内科学はせいぜい症候論をもとにした診断法が中心で、本当の意味での治療技術にはなっていなかった。それに対して外科医は初めから専門の医療技術者として訓練されていた。それがいまでは逆転し、内科は外科と同様に直接的に分子や遺伝子を利用した先端的な治療技術を駆使できる技術者になったのである。細分化された内科学各領域では、外科医同様プロとしての技術能力が目に見える形で評価できるようになった。権威や勘、理由のない自信、気休め的な話術なども通用しなくなったのである。

「ER」では、そのようなプロの技術者たちが、内科・外科の区別なく、いかなる緊急事態にも対応できるような機動態勢で勤務している。インターンや研修医の教育や訓練も、この現場で行なわれる。病気の歴史や成り立ちから系統的に教えるような、まわりくどい講義は最小限に縮小された。緊急の現場では教授の権威や肩書は通用しない。内科だからといって机に座って聴診器を使うだけというわけにはゆかないし、外科医が検査データを読めないなどということは許されない。こうして新たに生まれた医師像が、「ＥＲ」という番組に見事に映し出されているのだ。

日本の医学教育も、このような変化に急いで追いつこうとしている。病気の原因を理解するための基礎医学の講義はかなり縮小され、学生のうちから症例検討会に出席して実地を学ぶようになった。卒業後の研修では、講座や診療科の壁が取り払われ、どのような事態にも対応できるように現場主義的な訓練が優先される。

そのこと自体は当たり前のことであり、これまで軽視されてきたことの方がおかしい。職業人としての医師は、当然そうでなければならなかった。

ただ、このような実利的医学教育一辺倒で、本当に新しい時代に対応できる医師を育てられるのであろうか。多くの医学部の学生は、すでに中学のころから医学部受験のために理系の科目だけを選択し、受験勉強ではマルバツ式の思考が強要されてきた。それが、医学部に入るとすぐに専門教育にさらされるのだ。

しかも基礎医学を通して本当の原理を学ぶステップが軽視されて、すぐに臨床例について現場主義的なマニュアルに基づいた対応を訓練されるのである。詰め込まれた知識を、本能的に症例に適用することだけを教えられた医師が、多様な個人的、社会的背景を担った患者に本当に対応できるであろうか。

医学部に入学する前には、必ず三年制のカレッジで一般教養を学ぶことが義務づけられているアメリカとは背景が違うのである。「ER」の番組で、悩み苦しみながら個々の症例に対応しようとしているアメリカの医師が持つ精神的基礎を、日本の医学教育の中で培う機会があるのだろうか。

肉眼では見ることができなかった体の内部の患部を、いま内科医が見ることができるようになったからといっても、老いや死、心の病、病からくる不安や恐怖といった不可視部分が消えたわけではない。癒しや心のケアといった医療は、医師の人間性や教養に依存しているはずだ。まだ治療法のない疾患には、病気の成り立ちに関する科学的な洞察の経験がない限り、正しい対応はできないだろう。専門のエンジニアとしての近代的医師を養成するのは必要だが、同時に癒しのエキスパートとしての、人格を持った医師を育ててゆくことも大切であろう。

# 救死という思想

私は両親をはじめ何人もの身近の人の最期を看取ってきた。医師のはしくれでもあったから、病院での死にも自宅での死にも立ち会った。安らかな死も、苦痛に満ちた死も、感動的な死も、みじめな死も知っている。そして私自身が齢《よわい》を重ねると同時に日本という国の高齢化も進み、ますます人の死は身近なものになってきた。そしてそれは、私にも間もなく確実に訪れる。

こうして多くの人の死の場面をあらためて思い起こしてみると、それぞれの死が本当に適切に看取られていたかどうか疑わしくなってくる。

たとえば私の父は、二度心筋梗塞を起こし、かろうじて死を免れたあとで、間もなく胃癌を併発した。手術を受けるための過酷なエックス線検査の間に心臓の代償不全を起こし、身動きもできぬまま苦しみのうちに死んだ。まる二年間もベッドに寝たままで、最後の半年ほどは、末しょう血管の循環不全のため足の指が壊疽に陥って臭《にお》った。精神的にも異常をきたし、周到な治療を受けていたにもかかわらず、悲惨な最期だった。老母をはじめ周囲の者を疲労困憊させて、やっと死ぬことができた。

主治医は懸命に延命治療を続けていたが、周囲の者は安らかな死が早く訪れるのをひたすら待っていた。呼吸停止後、挿管して人工呼吸を続けるかどうかを主治医が尋ねた時、私はそれをはっきりと断った。心不全であったにもかかわらず、呼吸停止の後も長い間モニターの心電図に活動電位の波形が続き、それが間遠になってスウッと消えたとき、私たちはむしろ安堵の思いを持ったものである。

その父を看取った母も、前に摘出した大腸癌の再発で二度の大手術を繰り返し、癌性腹膜炎で苦しみながら死んだ。口から食べ物がとれなくなっても、中心静脈栄養で衰弱することなく一年余を生き延びた。末期には吐血や下血を繰り返し苦痛の毎日だったが、度重なる輸液や血小板輸血で生命だけはかろうじて永らえた。

その母が、ある日明らかに容体が変わった。昨日とはすべてが違うのである。呼び掛けるとかすかに応答はしたが、私には母が明らかに死の領域に足を踏み入れたことがわかった。

さらに大量の輸血と血小板輸血をしようとしていた主治医に、私はこれ以上の延命治療は中止してくれと申し入れた。家族には同意しないものもいたが、私はそれ以上のアグレッシブな延命操作は母の苦しみを長引かせるだけで、母の死をますます不幸にするように思えたからである。強力な治療が中止された後で、母は昏睡状態に陥り間もなく安らかに息を引き取った。

こういう身近な事例を思い出しても、人の死を看取る医療が、いかに困難であるかがわかる。あなたが間もなく死ぬことがわかった時、あなたはどこに死に場所をさがすだろうか。そしてあなたの死を看取る医療として何を期待するだろうか。

このような疑問を呈しなければならない理由の一つは、現在の医学教育の中では、死を看取る医療というのがほとんど無視されているからである。医学部六年間の教育はますます専門化され、先端医学の知識や技術は詰め込まれるが、死を看取る医療の講義や実習などは含まれていない。もともと医学というのが、病を治し生命を救うという目的で発展してきたのだから当然のことである。

医学にとって、「死」は常に敗北である。医学教育は、その意味で敗者にならない技術を教える場である。その先がどうなろうと、死はまず無条件に避けなければならない。死はあってはならない「事故」なのである。ことに近年著しく発展した救急救命医療においては、医師は本能的に命を救う技術を教えられる。そこにためらいや、結果に対する配慮などがあってはならない。これが「救命の思想」であり、それを疑うことは許されない。死を避ける処置を怠ったりしたら、医師としての職務を全うしたことになるまい。

しかし一方では、近代医療の中で「死」の比重はますます高くなっている。死は「事故」ではなくて、必然的に万人にやって来る一つの生命現象なのである。大部分の人間が、いまでは病院のベッドで、医師の管理下で死を迎える。高齢化社会の到来とともに、その数はますます増えている。

患者のほうも、尊厳死や安楽死を含めて、死の自己決定権、自らの死に方について、従来よりはるかに高い関心を持っている。死を迎えるための意識が高くなっているのだ。

社会構造が複雑化するにつれて、死の様式も多様化した。先進医療のもとでモニターで管理された死などはこれまでだれも想像しなかった。脳死もまた、人類がこれまで経験したことのない死の様式である。さらにそこに、死にゆく者の多様なニーズが加わったのである。

このような状況に対して、死を看取る医療の方は明らかに遅れている。死を看取る医学教育はほとんど行なわれていないし、またそれを支える医学思想もない。死の医療はほとんど存在しないといっていいのである。

「救命」医療の発達は、「脳死」という新しい死の様式をつくりだした。しかし、患者が脳死状態になった時、それを本当の意味で看取る、いわば「救死」医療が存在しないのはどういうことであろうか。脳死状態、あるいはそれより前の状態であっても、人工呼吸器のスイッチを切らなければならない時があり得るのだ。それをいつだれが判断し、実行するのか。そして家族や関係者とどう対応するのか。いまだれも答えられない。

いかなることがあろうとも命を救うという「救命の思想」に対して、必ず訪れる死を受容し、それを正しく看取り、いかに安らかな死を患者に受け入れさせるかという、いわば「救死の思想」とでもいうべきものが確立されていないのである。思想がないのだから、死を看取るための教育も、死の現場でどのように対処するかという規範も技術も教えられないのは当然だ。

言うまでもなく、死という複雑な文化現象に、救命治療で使われるようなマニュアルはあり得ない。しかし、異なった文化的背景や宗教を持った患者の死を看取るのに、経験も専門も異なる医師個人の恣意的な対応に頼るだけというわけにはゆくまい。終末期医療の一環として、「救死医療」という医学教育が含まれるべきであると思う。

日本の各都市には必ず救急救命センターがある。交通事故など、緊急に生命を救うための医療が整備されてきたように、「救死」のためのスタッフと技術を備えた体制が必要なのではないだろうか。しかもそれは単なる医療技術者だけではなく、心理学者や宗教者、社会学者、生命倫理学者、ボランティアなども含めた総合的なものでなければならない。

それと同時に、医学部や看護学部などの医学教育の中に、死を看取る医療、救死医学の教育を取り入れなければならないであろう。そのためにはまず「救死の思想」そのものを確立しなければなるまい。長い道のりであろうが、二十一世紀の医療にとって重要な理念になるだろう。

# 近代医療に欠けているもの

前立腺癌の精査のために、某有名国立大学病院に入院した。数年前までは古い汚い建物だったが、今は建て直されて東京の先端医療の中心となっている。先端設備も完備し、日本の医療の頂点に君臨している。

医者も看護師も技術者も忙しそうに働いている。私はこれなら安心と、大船に乗った気持ちでいた。部屋は狭く、プライバシーが守られないという欠点はあったが、日本の現状では仕方あるまい。

しかし、検査が始まってみると問題が山積だった。めまぐるしく検査が立て込んでいる日があると思えば、一日中何もなく部屋でぽつねんと暮らす日もある。予約してしまうと、何があっても時間は変えられない。

腹部に異常感を訴えても、前立腺とは無関係だから見てくれない。ここだと手を当てているのに触ろうともしない。医者は前立腺のことしか頭にないらしい。

大体このごろの医者は、患者の顔を見ようとしない。パソコンのデータばかりを覗《のぞ》き込んでこちらを振り向かない。数年前に患者を取り違えて手術するという事故があったが、顔を見ないのだから仕方がない。パソコンの中には、精密なデータがいっぱい詰まっているに違いないが、愁訴を持っている患者は目の前にいるのだ。今回も私という人格は、前立腺という器官に変身してしまったような錯覚に陥った。

看護師も書類書きばかりしている。こうして書類に残していさえすれば、責任は残らないと思っているらしいが、いくら部分が完備しても、全体を見る目がなければ大事故は防げまい。

事故を起こしたJR西日本と同じだ、と思った。一秒も遅れず、一糸乱れずに動いているように見えるが、それは部分だけである。全体を見る目が欠如している。

「現場監督がいりますね」と、見舞いに来た建築家が言った。全体を見回して、本当の問題の所在を発見し、直ちに対処する建築監督のような人がいなければ、欠陥建築になってしまう。

JR事故を目のあたりにした私は、肌が寒くなった。

# 病院ってなに

前回〔「近代医療に欠けているもの」〕に引き続いて、大学病院の悪口を書く。ビアスの『悪魔の辞典』風にいえば、「病院とは患者を衰弱させ、病気を悪くし、死に近づけるところ」とでも定義できるような気がする。今回の入院で、それを痛感した。

何しろ入院すると、娑婆の空気から隔離されてしまう。見るのは病衣を着た患者と医療関係者だけだ。元気をくれる人もいないし、電子メールさえ受け取れない。

何よりも病院の都合だけが優先されて、患者の都合など考えない。たとえば、やっと仕事が終わって家族が面会に来てくれても、午後八時になると、無情にも帰れという院内放送が鳴り渡る。つかの間の愛する人との面会は、あわただしく中断される。

その後は九時に消灯、長い眠れぬ夜が始まる。やっとうとうとすると、血圧測定や検温で容赦なく起こされる。監獄と変わりない。

検査で忙しく飛び回る日があったと思えば、なすこと無しにベッドで無為に時を浪費する日もある。いつ退院になるかと訊《き》いても、教授が外国出張で分からないという。決して安くはない差額ベッドに入って、短期の計画さえ聞かされず待たされていると、だんだん病気が重くなる。

アメリカのマサチューセッツ総合病院や、ニューヨーク大学メディカルセンターなどは、二十四時間社会に開かれている。ＩＣＵや伝染病の人を除けば、いつでも面会できるし、インターネットも無論自由だ。だから娑婆との接点が切れることはない。

それはボランティアなど、健常人がいっぱいいるからだ。その人たちを指導し、コーディネートするオフィシャルな組織があるから、患者を親身に世話し、かなり専門的な相談にまで乗る。患者は健康なボランティアに元気を貰っている。マニュアルどおりの看護師の仕事は、ボランティアにもできる。

社会も、ボランティアをするのは当たり前、しないと不審に思われるほどだから喜んでやる。三ドル程度のランチのチケットを貰うだけで、嬉々として困難な仕事をこなし、患者に元気を与えるボランティアを擁するアメリカと、隔離病棟みたいな日本ではどっちが幸福だろうか。

## 水俣病という「踏み絵」

私が千葉大医学部に在籍していた昭和三十年ごろ、九州の水俣湾で、脳神経系が侵されたと思われる奇病が、集団的に発生したことが新聞などで報じられていた。水俣病と呼ばれる地方病だから、単に飲料水やウィルスが原因だろうと思っていた。敏感であるべき医学生にも、この程度の認識しかなかった。

私はその後免疫学に進み、研究に追われて、水俣病という専門外の病気にはあまり関心を払わなかった。こうして私は二重の罪を犯したのだった。無関心と無知という罪を。

もうそのころには、患者さんの苦しみは頂点に達していたし、疑いもなく、有機水銀による中枢神経系の障害であることが明らかであった。しかも胎児にまで障害は及んでいた。

そのころ私は熊本大学の教授を班長にした免疫の研究班に入って、頻繁に熊本市を訪れていた。そのときあの奇病が、有機水銀中毒で起こる公害病かと、熊本の教授に確かめてみたが、露骨にいやな顔をされて言葉に詰まった。その先生はウィルス説をいまだに信じていた。

私は納得したわけではなかったのに、沈黙してしまった。こうして「沈黙」という第三の罪を犯してしまった。

それが覆され、私が後悔したのは、医学書を読んだからではなく、石牟礼道子さんの小説を読んだからだった。『苦海浄土』には、医者のカルテよりはるかに生々しい患者の病歴が語られていた。この病気に苦しんでいる患者の魂の叫びが書かれていた。真実を知って、私は凝然としてうなだれるほかなかった。

思えば私は、何度取り返しのつかない過ちを犯したことか。もっと早く気づけば、何かができたはずだ。

水俣病という「踏み絵」は、医学を学ぶものとしての道を私に試した。私は三度もそれを無造作に踏んでしまった。悔やんでも悔やみきれなかった。

ハンセン病のときも、医者は体制に流されて、患者を苦しめた。エイズの薬害も然り。これからも何度でも起こるだろう。それは医師に限ったことではない。みんなの良心の「踏み絵」なのだ。

「無知」、「無関心」という罪は、知ることによってのみ償われる。だから「水俣展」は見ておかなければならない。罪を二度と犯さないために。体制に流されることなく、勇気を持って声を上げるために。

# 理科系と文科系

日本では理科系と文科系という区分けが厳然としてあるらしい。「私は文科系なので遺伝子などと言われても……」と初めから敬遠される方もあるし、理科系では、小説など見向きもしない人が多い。しかもこの区別は大学受験のころに決まってしまい、その後一生をどちらかの〝人種〟として暮らすことになる。

ことに専門化が進んだ科学では、自分の領域の進歩に追いつくのに忙しくて、とうてい小説など読むひまはないというのが現状であろう。一方文科系の人にとっては、近年の科学の進歩などのっけから理解不可能で、ほとんど不気味な世界と考えている。

だから、最近の宗教犯罪の中枢部分に理科系の人がいたということで、理科系の学生に対するいわれのない偏見さえ生じているという。この際、理科系、文科系と初めから区別してきたことによって、根本的な問題が生じていることを知っておく必要があると思う。

細分化された現代の科学では、自分が手を動かして研究していることが、科学全体や人間とどうつながっているのかわからなくなってしまった。どんな発見も微細な断片に過ぎず、自分は小さな歯車のそのまた歯に過ぎない。そんな不確実感が、時には若者をカルト的な宗教に向かわせることもあろう。まず、近づけていた目をぐっとひいて、全体の中で自分というものを見る機会を持つことが必要であろう。それには小説を読んだり演劇を観るのも一法だし、自分を生み出した人類の歴史を眺めるのも大切である。

文科系の人にとっても科学の現在を知ることは重要である。量子力学もＤＮＡも、宇宙や生命についての認識を一変させたのだ。それを視野に入れないで、どうして人間やその心を理解することができるだろうか。

私は、文科系の学生には相対性理論や分子生物学の大ざっぱな知識を、理科系の学生にはシェークスピアか源氏物語の講読をすすめるべきではないかと思っている。

# 教養とは何か

予定がたてこんでいる中を、無理して能楽堂に能を観に行ってきた私に大学院の学生が言った。「お忙しいのに、よくそんな時間がとれますね。ぼくは狂言は少しはわかるけどお能の方は退屈でわかりません」

私は言下に言った。「それは君に教養がないからです」。そう言ってから考えた。教養って一体何なのだろうか。

英和辞典で引くと、教養はカルチャー、つまり「文化」と同じである。『広辞苑』では、「教え育てること。カルチャー」のあとに、「単なる学殖・多識とは異なり、一定の文化理想を体得し、それによって個人が身につけた創造的な理解力や知識。その内容は時代や民族の文化理念の変遷に応じて異なる」とある。どうやら教養というのは文化の個人的な現われかたらしい。

そう言えば思い出したことがある。もう一〇年近くも前だろうか。東京大学教養学部の学内新聞で、教授たちに「教養とは何か」というアンケートを出したことがある。匿名ということもあって、いろいろな面白い答えがかえってきた。

もうよく覚えていないが、たとえば「自己涵養のたしなみ」というようなものから、「ゆったりとした海のような」とか、「落葉を焚く匂い」といった感覚的な表現が多かった。そのほか記憶に残るものでは、「計算機とパイプの煙」とか「眼鏡と芸者」といったものを対比して並べたものもあった。「教養学部」の先生にとっても教養というのは定義しにくいものらしかった。

しかし、それを読んで気づいたことは、教養というのは実利的な意味では何の役にも立たないが、人間が物を判断する時の基礎となるものらしいことだった。実利から離れた価値を知ること。それが教養であろう。

現代のような複雑化した社会では、固定した単一の価値観で世界を判断することはできないし、危険でさえある。民族紛争や国際摩擦は、それぞれの一方的な見方、固定した価値観同士のぶつかり合いから始まる。それを相対的に眺めて解決の道を探る、複眼的な眼差しこそ教養なのではないだろうか。

東大には教養学部という名前が名目上まだ残っているが、大部分の大学ではここ一〇年余りの間に教養学部という学部は姿を消した。代わって実利的な専門教育が前倒しになった。ことに医学部では、六年間一貫教育という実利主義的理念のもとに、大学に入るとすぐに専門教育がスタートし、以前にあった一般教養の課程はなくなった。四年間のカレッジを卒業することが、医学部に入る前提となっているアメリカとは大違いだ。

いきおい国家試験合格のためだけのカリキュラムが組まれ、実用的なエンジニアとしての医師を作り出すことが目的になった。医科大学は職業訓練所になってしまったのである。そこで教育された医師が、たとえ修理工としての高度の技能を身につけたとしても、複雑な社会的文化的背景を担っている患者という人間を理解し、治療することができるのであろうか。

理系の学生にとっても、本当に新しい発見や開発のシーズとなるはずの一般教養は、絶対に必要だろう。文系の学生だって、いま生物学を知らずして人間の心や社会を理解することはできまい。

そういう意味では、たとえ時間の無駄と思われようとも、能楽堂に行って「死者」の眼で現実を眺めるような機会を持つことは、若者にとっても大切な「教養」であろう。

# ゲノム解析と教育

人間のゲノム解析の作業がほぼ完了したという報道がなされた。ゲノムというのは生命の設計図に相当するわけだから、機械としての人間を理解するのにまた一歩近づいたことは確かである。しかし、ここでゲノム解析と呼んでいるのは、人間のDNA暗号の全配列を決定するという機械的な作業である。DNAの成分であるヌクレオチドの並び、それを四文字のアルファベットに置き換えてコンピューターに記憶させるということだけだから、それで人間の生命現象のすべてがわかったわけではないのである。

DNAの配列という一次情報が、人間の体を構成するタンパク質という二次情報に翻訳され、それらが集まって細胞、そして人間という三次元的存在を作り出す。しかも人間は、受精卵から発生し、成長し、老化して死ぬ。つまり、時間情報まで持った四次元の存在なのである。

そんな複雑な四次元の情報が、どうしてDNAという一次元の情報から発現するのか。その点についてはほとんどわかっていない。

だからゲノム解析が一応の完成をみたとしても、そこから人間の全生命を理解できるようになるのはまだまだ先のことである。ゲノムを構成している個々の遺伝子が、どのように働き合って、完結した人間という存在を作り出すのかを解明する、ゲノムの生物学はこれから始まるのである。

しかしこの機会に、ゲノムの側から人間を考えるとどんなヒントが得られるのか、一つの試みをしてみたい。まず教育のことを考えてみよう。

受精卵から胚、そして胎児となって、二七七日目に赤ちゃんが誕生するのは、ゲノムに含まれているさまざまな遺伝子が次々に発現してゆくからである。遺伝子は血を作り肉を作り、骨や神経を作り出し、それらが組み立てられて人間になる。こうして生まれた赤ちゃんは、だれが教えたわけでもないのに、お母さんが乳房を近付ければ吸い付いて乳を飲む。これも遺伝子のなせるわざである。

受精卵から胎児へと発達してゆく過程で、どの遺伝子がいつ発現するかはおおよそ決まっている。手足ができる時に働く遺伝子、目を作り出す遺伝子、脳を作る遺伝子、そういう遺伝子が順序正しく働くことで、一人の五体満足な赤ちゃんを作り出す。どこかの遺伝子が何かの理由でうまく働かないと、さまざまな障害を引き起こす。ゲノムの側からそういう理由がわかってくると、障害者を社会的に差別する根拠など全くないことも明白になる。

さて、こうして完成した赤ちゃんの体に、ゲノムの遺伝子のすべてが発現しているわけではない。そこから始まる長い一生の間に、さまざまな新しい遺伝子が発現してゆく。成長や成熟、そして老化や死を準備する遺伝子など。そうした遺伝子の詳細が全部わかっているわけではないが、たとえば人間の最大寿命を決めている遺伝子が存在することなどは確かである。人間の一生を、ゲノムの側から眺めると、いろいろな生き方のヒントが得られる。ここでは子供の「教育」について考えてみよう。

人類は、どの民族も言葉をしゃべる。チンパンジーと人間ではゲノムの構成はそう違わないのに、言葉をしゃべるかどうかは明らかに違う。人間は言葉の遺伝子というものを進化の過程で獲得したものらしい。

言葉の遺伝子の実体が決定されているわけではないが、複数の遺伝子が脳のどこかで発現することで言葉を操る能力が現われると考えられる。

言葉を覚え、しゃべり、操る能力を決定している遺伝子は、別に生まれた時から発現しているわけではないだろう。幼児期に徐々に発現し、十歳くらいまでに最大に働くようになると思われる。しかも言葉の遺伝子の中で、あるものはやがて働かなくなってしまうらしい。

だから十代くらいまでに外国語を学ぶと、ほとんど母国語と同じようにしゃべることができるようになるし、一生忘れることもない。しかし十代を過ぎて習った場合は、母国語と同じというわけにはゆかない。発音などは、どんなにうまくなっても母国語の人とは違う。十代を過ぎると言葉の遺伝子のどれかがオフになってしまうからであろう。

そういう視点からみて、幼児期や学校での言葉の教育は大切である。国語のほかに、外国語を最低一つくらいマスターさせることは、いともたやすいと思う。

同じように、人間は数を数える動物である。この能力も幼児期に初めて発現する。数を数え、理解し、計算する能力は、人間固有の遺伝子に依存していると思われる。

さらに人間は、社会性を持った動物である。この能力も、幼児期に母親や遊び友達との接触を通して獲得する。この時期に社会性の遺伝子が発現するからだと思う。

昔から「読み書きそろばん」という言葉があるが、これはゲノムの側から見ても正しいと思う。「よく学びよく遊べ」も、遊びを通して、この時期に社会性を身につける教育として正しい。

一昨年〔一九九八年〕の中教審の答申によれば、小学校のころから、創造性や個性を高める教育だとか、イマジネーションを伸ばす教育とか、シャレたことを言っているが、そんなことはもっと後でも良いと思う。この時期でなければ獲得できない「読み書きそろばん」と「遊び」の能力を、遺伝子の発現の時期に合わせて教え込むことの方が必要だ。

中等教育の方はどうだろうか。中学生のころ、思春期が始まり、この時期特有の新しい遺伝子が働き出す。成長ホルモンの遺伝子が働き出すから、体は急速に成長する。性ホルモンによって男女の体の特徴が決まり、自分の性的アイデンティティーが確立される。

幼児期にはなかった新しい能力が次々に生まれる時なのだ。だからこの時期こそ、さまざまな可能性を試し自分を広げる教育が必要になる。創造性を高める教育などというのは初等教育ではなくて、この時期に必要な理念である。コンピューター教育だって、社会性が確立したあとのこの時期に始めるのがよい。小学生が遊びよりパソコンに興味を持ってしまうのはむしろ有害である。

ところが日本では、新しい可能性が広がる中等教育の時期に、進学する大学に合わせて理系と文系に分けてしまう。広がる可能性を制限してしまうのだ。これではせっかく働き出した新たな遺伝子による発展を阻止してしまうことになる。

中学生や高校生の脳の中では、右脳も左脳も同じように働いて可能性を広げようとしている。それを真っ二つに分けてしまうような教育は、ゲノムの要請に反するものと思う。

今の段階で、脳の知的能力を決定する遺伝子がすべて同定されているわけではない。しかし、ゲノムが社会的関心を呼んでいる現在だからこそ、ゲノムの自己実現の姿として人間をとらえ、その上で青少年の教育のあり方を考えてみることも必要であろう。

## 中等教育の目標

初等教育で必要なのは「読み書きそろばん」と「遊び」だと書いたが、中等教育ではどうだろうか。

中学生のころ思春期が始まり、この時期特有の遺伝子が働き出す。たとえばホルモンの遺伝子。増大した成長ホルモンによって体は急速に成長する。性ホルモンによって中学生たちは、自分を男、あるいは女として認め、自己のアイデンティティーを確立してゆく。ティーンエイジャーは、この時期に働き出す遺伝子のおかげで、幼児期にはなかった新たな能力を獲得し「自己」を完成させるのだ。

この時期に遺伝子が広げる可能性を、引き出し伸ばしてやることこそ中等教育の目標であろう。多少社会的に逸脱した行動があったとしても、未知の可能性を試し発見するための過程と考えなければならない。

近ごろ初等教育の段階で言われている「創造性を育てる教育」などは、まさに中等教育の時期にこそ必要な理念なのだ。この時期にこそ、己を広げアイデンティティーを確立させる教育が効果的なのだから。

　ところが日本では、中等教育のころには受験戦争が始まって、せっかくの遺伝子にチャンスを与えない。可能性が十分広がっていないのに、進学する大学や学部で「理系」と「文系」に分けてしまう。理系の学生は文系の教科を取らず、歴史や文学に接する機会を逸する。文系の受験生は、初歩的な物理や生物学を学ぶチャンスが与えられない。

　せっかく可能性の広がる時期なのに、真っ二つに分けて制限してしまうのだ。こんな教育を受けた学生は、大学に入っても一方的なものの見方しかできない。高校で理系の勉強しかしなかった者が医学部に入って医者になり、患者という悩める人間やその背景を理解できるようになるだろうか。病気を機械の部品の故障としかみなくなるのではないだろうか。

　一方、ＤＮＡのことを全く知らずに、人間や、人間のつくり出す文化や社会を理解できるはずがない。中等教育は、文系と理系をつなぐ人間の知のあらゆる可能性に開かれていなければならないと思う。

# 若き研究者へのメッセージ――教えられたこと、伝えたいこと

多田富雄です。

七年前に脳梗塞の発作に襲われ、右半身の完全な麻痺と、言葉の自由を失いました。このようなお聞き苦しい電子音でお話しすることをお許しください。ここにお集まりの皆さんで私の講義を聞いた方は少ないでしょうし、私の名前をご存じない方も多いかと思います。

今日は、これから医師として、また医学者として診療を始められる若い人たちに、私の長い研究生活のなかで先生や友人たちから教えられたこと、感じたことをお話ししたいと思います。

## 岡林篤先生のもとで

私は、一九五九年（昭和三十四年）に千葉大学医学部を卒業し、岡林篤《おかばやしあつし》教授の主宰する第二病

理学教室に入りました。免疫病理の先駆者だった岡林先生は、変人のうわさが高い教授でした。先生の講義は難解を極め、わからないから、出席率もよくありませんでしたが、当時はドイツ語読みだった病名を英語読みで呼ぶので、なんとなくハイカラな感じを与えていました。お仕事は、長期にわたって抗原投与されたウサギは、免疫系が疲弊して自己と非自己の識別がわからなくなり、自己免疫疾患が起こるというのが岡林先生の理論でした。しかし、その理論の立て方は難解で、それがどうして起こるか、いくら聞いても理解できなかったのです。

そこで私は、先生の『免疫とアレルギー』という、戦後はじめて出した本をひと夏かかって大学ノートに全部書き写しました。そうすれば、大概わかるはずだろうと高をくくったのですが、それでもやはり何を言っているのか、皆目わからなかったのです。私は恐れをなして、これはよほど偉い人に違いない、と思って先生の門をたたいたのです。

岡林先生は、聞きしに勝る変人で、私が先生から最初に教えられたのは、焼け火箸でウサギの鼻に穴を開け、そこに卵の白身を流し込み、副鼻腔炎を作るというえらく原始的な実験でした。そうすると血管炎を含む膠原病、コラージェン・ディージーズ様の病変が起こるというのです。半信半疑の私に、「多田君、実験をするときはゆめゆめ疑ってはいけない。疑えば結果は出ない。僕の言うことを信じなさい」と非科学的な念を押して、この実験をやれと私に命じられたのです。

そうは言われても不安なので、私が文献を読んで勉強しようとすると「文献など読むな」と、怒られました。「そんなものを読むと色眼鏡で実験をみるようになる。新しいことを発見したいなら文献に頼らず、自分の目で見たものだけを信じなさい」と、諭されました。こう言われるとぐうの音も出ません。私は、来る日も来る日もウサギの鼻に抗原を注射し、あとは暇だから昼寝をして時間をつぶしていました。

しかし一年もすると、一羽のウサギに血管炎を伴う、膠原病のような全身性病変が現れたのです。数は決して多くはありませんが、一部のウサギには確かに起こったのです。

岡林教授はご機嫌で「どうだ、多田君。実験をするときはわしの言うことを疑うなかれ、だ」と言って大威張りでした。しかし、この成功には再現性がありませんでした。百匹中に一匹ぐらいしか起こりません。でも、所見は疑いない。近藤（洋一郎）先生が解剖して、それをくまなく調べました。

「自分の見たものだけを信じよ」という先生の教えは正しかったのです。私は一生それを守って、たいして文献も読まず、自分の目で見たものだけを信じて疑いませんでした。また、岡林先生は、「病変ばかり見るな。背後にあるものを発見せよ」と、禅坊主のようなことを言って平然としていました。病理解剖でも、病変をどんなに詳しく記載しても、それだけでは気に入らない。たとえば脳腫瘍でも脾臓はどうだったか、リンパ節はどうか、と聞かれます。みんな閉口しましたが、どんな病気でも全身をみること、つまり生命の全体性を教えようとしたのです。

病気を、臓器の、つまり部分の問題としてではなく、患者の全身の問題として捉えることを先生から教えられたのです。

先生はこうして病変の背後にある全身の免疫系の重要性を教えられたのです。

先生から教えられたこと、「近視眼的ではなく、少し遠くからモノを見る態度」は、役にたっていると思います。

後に岡林先生は京都に引退されましたが、たまにお訪ねして泊まった折など、いつもあの当時に行った遷延感作の実験のことを繰り返し、繰り返し話されました。ある人は半ボケになったからだ、と言いますが、私は芭蕉が言った「この一筋につながる」とはこういうものかと感激しながら、同じ話をくり返しくり返し聞いておりました。

そして、次にはその免疫異常がどうして起こったのか、そのメカニズムを調べよ、と私に命じられたのです。そうは言ってもその頃の千葉には免疫学をやっている人はいなかったのです。どこに習いに行こうか、と考えていたところでした。

## 石坂公成先生との出会い

折りしもその頃、ノーベル賞を受賞したばかりのサー・マックファーラン・バーネットが、日本細菌学会の招きで横浜で講演しました。大学院生であった私も聞きに行ったのですが、英語もろくにわからない大学院生には、難解なクローナル・セレクション・セオリーは分かるはずもありませんでした。ほかの会場をぶらぶらと覗いていたら、「抗体の多様性」というシンポジウムをやっていました。そこで私は、偶然にも生涯の師となる人と運命的な出会いをしたのです。

バーネットの講演とは別の会場で行われていたこのシンポジウムで、錚々たる演者に向かってフロアーからさかんに質問していた青年が私の目に留まったのです。彼の質問は論理的で核心をつき、有名な演者もたじたじとなっていたのです。それが、予研（予防衛生研究所）、つまり今の感染症研究所の石坂公成という青年学者であることだけを覚え、私は興奮を抑えながら帰ってきました。だから石坂先生が私を認めたのではなく、私が石坂先生を認めたのです。

翌日、岡林先生に「免疫学を習いに行くなら石坂という人のところに行きたい」と申し出ました。先生は私を、伝研（伝染病研究所）、つまり今の東大医科研に行かせようと思っていたようでした。私は、シンポジウムでたじたじとなった演者を見た後なので、そんな低級なところには行きたくない、石坂という若い研究者のところへ行きたいと言い張ったものです。岡林教授は、昔、予防衛生研究所、今の感染症研究所で知り合いだったので、すぐに電話をしてくださいました。

まもなく、あの青年、石坂が千葉大学まで来てくれたのです。岡林先生は、私を紹介した後、私を待たせたまま、二人でコーヒーを何杯も飲みながら関係ないことばかり話している。「あほだら経」と近藤先生が呼んでいた遷延感作の、難解な免疫理論です。やがて話も尽きたころ、石坂先生はやっと私の方を振り返って、コチコチになっていた私の頭のてっぺんからつま先まで眺めて「まあ、いいでしょう。来週から来なさい」と、お許しが出たのです。

次の週から週に二度、当時、目黒にあった予研へ私は通うことになりました。千葉を通る総武線は、鈍行だけしかなかった頃です。千葉から目黒までは二時間以上かかりました。私は、朝早く起きて、例のウサギからとった血清のサンプルを大学の冷蔵庫に取りに行き、魔法瓶につめて満員電車で目黒に向かったのです。

私がはじめにやったのは、ウサギの補体を測定することと抗体を定量することでした。手技は、石坂照子夫人に教わりました。定量沈降反応は、まだ沈降物の窒素をミクロキエルダール法で計るような原始的な方法でした。

初心者の私は、実験が終わるまで息をつめてやって、終わるのは夜七時過ぎでした。全部計算し終わって身支度するともう九時過ぎになっていました。帰りには目黒駅前にあった「とんき」というトンカツ屋で一杯呑み、ご機嫌になって電車にゆられて千葉に帰りました。

千葉に着くと、サンプルを大学の冷蔵庫に戻し、下宿に帰って寝るのは午前二時過ぎでした。でも、ちっとも疲れなかった。毎日が充実して、楽しくてたまらなかったのです。私は、はじめて研究が面白いものだということを知りました。

もし、あなた方のなかで、研究を面白いと思わないで、名声のためとか、キャリアのためとか思っている方があったら、研究など止めてしまった方がいい。それは時間の無駄です。初めて研究をするエクスタシーが忘れられないから、麻薬中毒のようになって一生研究などやるのです。

そこで私は、はじめて、石坂先生の厳しい研究態度を知りました。ある日、何気なく実験をしていた先生に話しかけると、今までやっていた倍数希釈の試験管を、全部流しに捨ててから応答しました。あっけに取られて見ていた私に、「実験中、話をして間違うなら、はじめからやった方が早いから」と説明されました。間違ってからやり直すより、はじめからやったほうが早い、ということを教えられたのです。石坂先生は、こうしてプロの研究とはどんなものかを身をもって教えてくれました。

同じ研究室にいた石坂照子夫人の実験は、カミワザのようでした。補体の実験中に、くしゃみが出そうになっても我慢する。「終わってからするのよ」と教えられたという、冗談のような話があります。そのくらい張り詰めた空気でした。しかし、照子夫人の感性は素晴らしかった。私は実験のほかに、研究から何を感じ取るかを教えられました。その研究が成功するかどうかという匂いを嗅ぎ取るのです。それが後で、どんなに役にたったことかわかりません。

## 研究者の三つの勇気

私はその頃、自分はどうせ大したことはできないから、大きなことでなくて、あまり人がやらないことをやろうと思っていました。それが間違いであることを教えられたのもこの頃だと思います。

石坂先生は、競争の激しい一流の主題は、それが万人にとって大切なことだからこそ人が集まるというのです。それを避けて、競争の少ない主題に逃げると、一生、落穂ひろいのような研究しかできない。競争の激しいところに勇気をもって参加しなさい、という教えです。

次に、実験をやるときは、必ずうまくいくと思ってやれ、ということ。どうなるかわからないと自分があやふやに思っていては、うまくいくはずがない。終いには実験をやっているマウスを睨みつけるのです。睨み方が足りないと怒られたこともありました。ＩｇＥ〔免疫グロブリンＥ〕の発見もこうした信念と確実な努力があったからであることを私は身近に見てきました。

そして、これが一番難しいことですが、どうしてもだめだと思ったときには、一度実験を止め、撤退する勇気をもつこと。

以上が、先生に教えられた「研究者の三つの勇気」です。私がそれを守れたとは言えませんが、若かりし日、いつもそれを思いながら研究したことを懐かしく思い出します。

まもなく石坂先生は、日本の研究環境に見切りをつけてアメリカの小児喘息研究所へ去ってしまいました。一九六一年のことです。もう二度と会えないと思って、涙を抑えて見送ったのを覚えています。

私は、大学院を終えたら田舎に帰って開業医になるつもりでした。ところが、大学院卒業の直前に、岡林教授宛てに一通の航空便が届きました。石坂先生からです。私をアメリカのデンバーに預かりましょう、という夢のような内容でした。その理由がふるっています。「今、私は大事な研究をしているので、多田君のように仕事がのろい、不器用な人のほうが安心できるから」というものでした。

私は、喜び勇んで、田舎の開業医の道を諦めて、すぐに渡米を決意しました。渡航まで四カ月の間、英会話学校に通い、初歩の即席英語だけを身につけました。そんなことで通用するはずはないのですが。

## IgEの発見——デンバー時代

一九六四年六月、私は羽田空港からホノルルとサンフランシスコ経由でデンバーに旅立ちました。もちろん、まだ成田空港は開港していなかった頃です。一ドル三六〇円でした。私の給料は月二二五ドルでしたが、無給だった私にはとてつもない大金でした。

私が留学するというので、母は、天ぷらの揚げ方を特別訓練してくれました。それさえマスターしておけば、たとえクビになっても世界中どこでも食っていけるから、と悲壮な顔で教えてくれたのです。幸い、クビになって路頭をさまようことはなかったのですが、アメリカで友達を接待するのに大いに役立ちました。

梅雨時の日本とは対照的な、雲ひとつなく晴れ渡ったデンバー空港に、石坂先生ご自身が迎えに来てくれました。空気が澄んでいるデンバーの町を眺めながら、先生の自宅に着きました。

私は好奇心が旺盛なので、見ること、聞くこと珍しく、いろいろ面白いエピソードがあったのですが、それは最近、連載のエッセイに書いていますから、お目に留まったらお読みください。とにかく、研究所に近い老夫婦の家の二階に落ち着きました。翌日からは、容赦のない研究生活が始まったのです。

その頃、石坂先生はＩｇＥ発見の大詰めに来ていました。その頃は、もちろんＩｇＥという名前さえないときですから、活性を基にして、レアギンと呼んでいました。

レアギン活性は、精製したＩｇＡ分画の中にあったので、レアギンはＩｇＡ〔免疫グロブリンA〕であると信じられていました。しかし、ＩｇＡの分画を分子量でさらに分けてゆくと、不思議なことに、レアギンは分子量が大きいところだけに認められるのです。その大きい分画を集めるゲル濾過の操作を何度も繰り返すと、レアギンの活性も高くなるが、免疫化学的に検出されるのは依然としてＩｇＡばかりです。

その当時、レアギンを検出する方法は、人間の皮膚を使ったプラウスニッツ・キュストナー反応（ＰＫ反応）しかありませんでした。希釈したレアギンを含む血清を人の皮膚に注射し、二四時間後に同じ局所に抗原を注射する。レアギンがあれば、蕁麻疹のように紅斑と膨疹ができる。

石坂先生は、まるで修行僧のように、目に見えない物質を求めて、来る日も来る日もＩｇＡの精製を続けました。私が深夜に実験のことを思い出して研究所に行ってみると、毎夜のように、コールドルームの前でブルブルと震えながらフラクションコレクターを睨みつけている石坂先生を見かけました。それは、鬼気迫るものでありました。

精製したサンプルは、自分の皮膚に注射してレアギンの活性を調べました。先生の背中は注射の跡でブツブツになっていました。こうしてレアギンの活性は濃縮されていったのです。では、どのようにして見えない物質を見えるようにし、免疫化学的に同定したらいいのか、という問題です。

そのとき石坂先生には、何かがひらめいたらしいのです。このサンプルにレアギンが活性として濃縮されている。だから、当然モノにもあるはずだ。それならこのサンプルを動物に注射すれば、そのモノに対して抗体ができるに違いない。抗原として見つからないのなら、抗体を作って検出しようという逆の発想でした。今ならモノクローナル抗体を作って調べる、ということですが、先生はモノクローナル抗体のない頃に、そのやり方を先取りしたのです。

先生は、苦労して精製したサンプルを、惜しげもなくモルモットに注射しました。何回か打つと採血し、仮想の抗体があるはずの血清を、今まで知られていた免疫グロブリンをすべて加えて吸収しました。

こうして作られた抗血清が、レアギンを吸収するかどうかが問題でした。吸収すればレアギンは今まで知られていた免疫グロブリンと違うことになるわけです。

石坂先生は、細心の注意を払って、レアギンを含む分画にその抗血清を加えて吸収を試みました。吸収したサンプルは、自分の背中に注射してＰＫ反応で調べたのです。果たせるかな、吸収

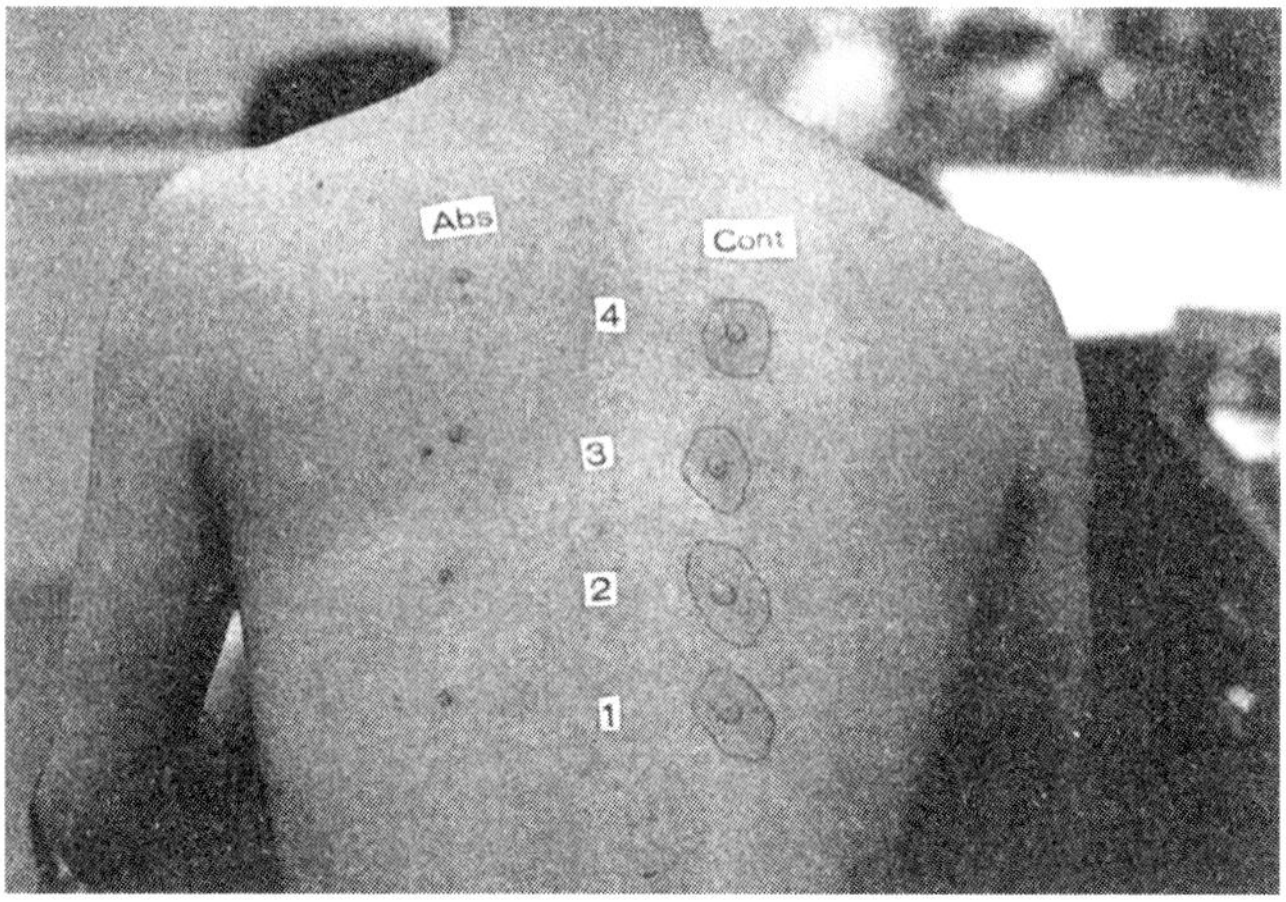


したサンプルにはレアギン活性は無かった。つまり、IgA以外の物質が、アレルギーの原因だったことがはじめて証明されたのです。それをコンファームするための実験に私の背中の肌も使われました。私はその頃、独身の二十代の青年でしたから、背中は綺麗で一点のシミも無かった。それに、私は胴長でしたから、普通の人より余分に一カ所、注射できました。

右の未吸収の方は綺麗にエリテーマが出ていますが、左の方はすっかり吸収されて何の反応も出ていないのがわかるでしょう。この背中の写真は世界中の学会で発表され、私の背中は一躍有名になりました。石坂先生が学士院恩賜賞を頂いたときには、昭和天皇もご覧になったといいます。だから私は、自分の業績より、背中でまず有名になったのです。

レアギンが正式にIgEという名で認められたのは一九六六年、ローザンヌの会議ででした。出発する先生の顔には、これからの戦いに対する決意がみなぎっていたのを今でもありありと覚えています。

これがIgE発見までのあらましです。

皆さんは結果だけは知っておられるかもしれませんが、一つの偉大な発見にはこのような人間ドラマがあったのです。

のちに恩賜賞、文化勲章に輝いた石坂先生の仕事は、デンバーの小さな研究所で、アシスタントの黒人女性から動物係、血清を提供した少年にいたるまで人間同士の暖かい友情のなかで生まれたのです。

このアレルギーの原因となる抗体の発見を通して、科学もまた人間の不屈の意志と、それを支える暖かい友情の産物であることを思い知るのです。

ここで石坂先生、照子夫人から教えられたことは、研究者として国際舞台に出るときのマナーと、いい友達をもつ、ということでした。夫妻は、どんな人も嫌がらず、特に競争相手は歓迎されました。

競争相手ほど、あなたの仕事の価値をよく知っている者はない、と石坂先生は言いました。価値を知っているからこそ、同じ成果を欲しがるのです。話せば一番話が合うはずです。だから仲良くなるのです。最大の敵は、見方を変えれば最大の友になるのです、と私は教えられました。

近頃、国際的とは、やたらに好戦的に競争に参入して、仁義なき戦いをすることと思っている人がいます。勝つためには手段を選ばない。勝てばいいんだ、という競争が国際的だとする風潮があります。そういう人が研究をギスギスした楽しくないものにしてしまう。前にも言った通り、研究は面白いからやっているのです。

こうしてデンバーの日々は終わりに近づきました。私の後任には、千葉から今日も来てくださった、東邦大学の教授になられた冨岡（玖夫）先生が来ることに決まりました。私には、日本に帰る日が近くなってきたのです。帰ったら何をやろうか、というのが私の最大の悩みでした。

ちょうどIgEが発見された一九六六年、まさに同じ年に、この小児喘息研究所から見れば、同じデンバーの町の向こう側にあるコロラド大学医学部で、もう一つの世紀を揺るがす大きな発見がありました。

それは、微生物学教室のヘンリー・クレーマンという若い研究者がやった実験です。マウスの骨髄の細胞を、放射線障害を起こしたマウスに移植すると、造血は戻るが、羊赤血球に対する抗体産生能力は回復しない。ところが、骨髄と一緒に胸腺細胞を入れてやると、造血だけでなく抗体産生能力まで回復するという、いわゆるT細胞B細胞のコラボレーションの発見です。

私は、自分の仕事の合間をみて、しきりに町の反対側にあったヘンリーの研究室のセミナーに参加していました。そこのジャーナル・クラブで、J・F・A・P・ミラーという人の、生まれた時に胸腺を摘出されたマウスでは免疫能がなくなる、という実験を聞いて、興奮して夜眠れなくなった覚えがあります。この実験こそ、細胞免疫学の夜明けを告げるものだったのです。

私は、デンバーではIgE産生細胞の同定をしていました。それならば日本に帰って真っ先にやるのは、ここでやったIgE産生と、ヘンリーの見つけたTセル（細胞）・Bセル（細胞）の共同作用を使った実験をしてみよう。石坂研とヘンリー・クレーマンの研究室の実験を結合し、組み合わせるというアイディアです。まだ誰もやっていないし、私にはアドバンテージがあるはずです。

## サプレッサー・エイジの幕開け

私は、一九六八年に意気揚々と日本に帰って、千葉大学の助手になりました。飛行場には、まだ若い大学院生の奥村康、後の順天堂大学教授が出迎えていました。彼に、持ってきたIgEの血清を手渡しました。これが日本で近代的アレルギーの研究が始まる第一日になったのです。

私はこうして千葉に落ち着きましたが、当事の病理（病理学教室）は設備は貧しかったし、研究費は乏しかった。しかし、私のもとには奥村康、谷口克両名の強力な大学院生の共同研究者がいました。

一番の問題は実験動物でした。もちろん、純系のマウスなどいない。当時、手に入ったのはウイスター系の近交系ラットだけでした。それを使って実験をはじめました。

しかし、彼らに実験をやらせると、手を抜くからデータがやたら汚くって、結果など出ないのです。私はある日、別室に二人を呼んで「君たちは科学者としての才能がない」と怒りつけ、破門を申し渡しました。彼らはブルブル震え「明日からは手を抜きません」と誓いました。その日から彼らの実験は一変し、次々にいい成果を挙げました。そうして、彼らは今、世界的な免疫学者になったのです。それが奥村順天堂大学教授、谷口理化学研究所センター長の前身ですから、あなた方も、少々失敗してもガッカリすることはありません。

こうして研究が始まったのですが、IgE抗体をラットで実験的に作ったという前例はありませんでした。

試行錯誤の末、一〇〇%のラットにIgE抗体を、短期間ながら作らせる系が確立されました。ところが、どういうものか、一次免疫は起こるがすぐに消失し、再注射しても、どうしても二次免疫は起こらなかったのです。それがどうしてかという新しい謎が生まれたのです。

このとき、意外な結果に気付いたのは、奥村大学院生でした。

胸腺摘出を、生まれたときではなく成長後に行うと、IgE抗体の産生が抑えられないばかりか、かえって高くなり、しかも長期にわたって高値を持続するという発見です。谷口君もX線の致死量以下の照射によって、IgE抗体の産生は抑えられないばかりか、かえって持続的な産生の亢進があることを証明しました。胸腺摘出もX線照射も抗体産生を亢進させています。私たちは、予想に反したこのパラドックスに驚くとともに、解釈に悩みました。答えは何でしょうか。

私たちは、胸腺摘出やX線照射で、T細胞の「引き算」をしていました。それなら「足し算」

をしたらどうか、というアイディアは、朝風呂に入っているときに閃きました。別にアルキメデスを気取るわけではありませんが、私はすぐに大学に行って、奥村君にアイディアを話しました。私たちは、胸腺摘出やX線照射でIgE抗体産生が亢進しているラットに、免疫をして抗体がすでに落ちたラットの胸腺や脾臓のT細胞を移入する実験を開始しました。

結果は劇的でした。

成長後、胸腺を摘出してIgEが上がっているラットに、正常の免疫ラットの胸腺細胞を移入すると、IgEは見事に下がりました。実験をやった奥村君が、興奮して報告に来たのを今でも忘れません。下手くそな字で説明が書いてありました。谷口君からも、同様の結果が入りました。私は、それを英語の論文に書くことに日夜没頭しました。

一九七一年に第一回の国際免疫学会がワシントンDCで開かれました。私は急遽、シンポジウムの演者に選ばれて成果を発表しました。私は意を決して出席しました。

ヘルパーT細胞の機能が話題の中心であったころですから、私たちのサプレッサーT細胞の研究は、新鮮で聴衆の注目を集めました。一九七〇年代の世界を席巻したサプレッサー・エイジの幕開けです。

その後、仕事上で出会ったヘルゼンバーグ、クラウス・ラジャンスキー、マックス・クーパー、ブリッツ・メルチャースなど、みんな生涯の親友になりました。

後年、国際免疫学会の会長として私がこの学会を運営できたのは、こうした親友がいつもサポートしてくれたおかげです。私が病気になって口が利けなくなってからも、日本に来るたびに必ず訪ねてくれます。私がしゃべれないのに、優しく語りかけて、最新の情報を教えてくれます。これが科学者の真の友情だと思います、

これも、さっき言った国際的とは何かという石坂先生の教えに負うところが多かったのです。ここで、その解釈を試みましょう。

## 世界で競争せよ

サイエンスの世界には競争は付きものです。しかし勝ち負けは、「ヨーイ、ドン！」で、一日早いか遅いかでは決まらない。それは研究の背後にある研究者の必然性なのです。この仕事はこの人でなければできない、という必然性です。興味のもち方は一人ひとりで違います。事実は同じでも、やり方がどこか人とは違うという個別性を認めるのです。途中で横から入って自分のもののように発表しても、すぐにわかってしまうし、すぐ忘れられます。やった人間の顔が見えないからです。つまり、独創性という個別性が認められないからです。競争に勝つとは、そこにあなたの独創性が認められるかどうかにかかっているのです。

それでは、必然性とか独創性とか、抽象的なものの評価は誰がするのでしょうか。それは、インターナショナルのサイエンティストのコミュニティーが決めるのです。そのメンバーにとって

は、評価なんか一目瞭然です。

ですから私の言いたいことは、まずインターナショナルの科学者のコミュニティーに、日本人の一人の科学者として仲間入りをしなさい、ということです。いいですか。日本人としてですよ。そうでなければ、東洋のずるがしこいやつが、身の程しらずに先駆けしたという程度の認識を得るだけで、やがては忘れられるのが落ちです。そういう研究がこのごろ多くなっていると思います。石坂夫妻が、少なくとも免疫学の領域で、初めて国際的に認められるとはどういうことかを身をもって教えたことは、こんなことではないかと今にして思います。私も弟子たちにもそう教えてきたはずです。

科学はすばらしい人間の営みです。そこに参加できたことは幸福でした。

私は重い障害を持ち、その上、癌も併発しています。でもこうなってやっと、すべての権威や権力から自由になったと思います。もう何も恐れるものはありません。ここ三年、リハビリ制限白紙撤回を求める市民運動の先頭に立って厚労省と五分に戦ったのは、フリーになれたからです。

今日は講演の機会をいただき、皆さまとお会いすることができ、懐かしさに胸を熱くしております。これが、私の最後の講演になるでしょう。この機会に厚くお礼を申します。

ありがとうございました。

これで終わりです。

〈解説〉

# 未来のサイエンスの担い手たちへ

最相葉月

## 声を失うということ

二〇〇八年に多田富雄が『寡黙なる巨人』（集英社）で小林秀雄賞を受賞した際、記者会見の場にいた編集者が、後日、神妙な面持ちでその時の様子を聞かせてくれた。

二〇〇一年に脳梗塞で倒れて以来、多田は右半身不随となり、話すことと呑み込むことに大きな障害を負っていた。そのため当日は、記者の質問にトーキングエイドという発声器で答えることとなった。左指でキーボードの文字を押し、文章が一つでき上がるたびに、コンピュータの音声がそれを読み上げる。必然的に、質問から回答までにタイムラグが生じてしまう。「本日はまことにおめでとうございます」と記者が祝いの言葉をかけたあと、多田がどんな第一声を発するのか、出席者たちは静かに見守った。しばらくして、文字列が音声に変換された。

「コバヤシヒデオハ、ボクノヒヒョウタイケン、トイウヨリ、ビガクテキタイケンノゲンテンデシタ。ダカラホントウニ、コウエイデス」

多田の肉声とは似ても似つかぬ機械音に、出席者たちは息を呑んだ。今ここで、何かすごいことが起きている――。編集者は、使い方を習ったばかりの幼児のように一字一字、左の指でキーボードを打つ多田の姿が神々しく見えたという。

その話を聞いて、私は、多田のユーモア交じりの自己演出でもあったのではないかと思った。

多田は新作能の作者として、「無明《むみょう》の井」や「一石仙人《いっせきせんにん》」のように、脳死臓器移植や核兵器など現代の課題に斬り込む作品に取り組んできた。無音の音を心耳で聴き、鳴らぬ鼓の調節をしながら、「出にくい音を無理に出すことによって、深い心の痛みや存在のうめきのようなものが初めて現われるのだろう」（「鳴らない楽器」）と考える。そんな多田であれば、機械音声と、語られる内容のちぐはぐさを楽しむいたずら心を十分持ち合わせていたはずだ。実際、入院中には、こっけいなことばかりいって看護師や見舞客を笑わせていたという。事情知ったるマスコミ関係者の前で、ウィットに富んだ冗談を飛ばすなどわけないことだ。

だが、多田はこうも打ち明けている。見舞客らがいなくなり静かになった病室は、「海藻に囲まれた海の底のように静か」で、「私は水草の陰からじっと目を凝らしている深海魚のように、孤独だった」（本コレクション第3巻所収「寡黙なる巨人」）と。多田自身はもちろんのこと、献身的に介護されたご家族は、人に見えないところで大変な思いをされたのではないかと推察する。

私ごとで恐縮だが、多田と同じ年にがんで声を失った父が、トーキングエイドを試しに使ってみたところ、早々と返却したという経緯があった。人が本当に伝えたいのは文字情報ではなく、感情だと悟った時の衝撃は大きかった。トーキングエイドは、一方向の情報伝達には役立つが、感情がぶつかり合うことの多い家族や介護者とのコミュニケーションには、まったく不向きな機械なのである。

奇遇なことに、多田とわが父は亡くなった年も同じだったので、訃報に接した時に自分が感じたことは記憶に深く刻まれている。伝えたくても伝えられない感情を吐き出すこともできずに抱え続けるという「拷問」に、よくぞ九年もの長い間耐えてこられました、本当にお疲れ様でございました、という労いの気持ちである。生前お会いする機会はなかったが、この一点においても、私は一方的に多田に心底から尊敬の念を抱いている。

## 能と免疫から考える「個」と「寛容」

「寛容と希望」と題された第5巻には、多田の若い頃の思い出や、性的少数者についての医学的考察、能の視点から論じた日本人、医学教育や理科教育への提言などが収録されている。医師の多い家系に生まれ、医院を継ぐことを期待され、院長である祖父の養子として育てられた一家の長男の、青年期の葛藤にふれることができるのも本巻の魅力である。とりわけ強い印象を残すのは、昭和二十年代後半、千葉大文理学部の医学進学課程に在籍していた頃の回想記、「人それぞれの鵺を飼う」である。

主人公は、多田のほか三人の学生たち。富山高岡の大病院の息子で、小児麻痺の後遺症を抱えながらも豪放磊落な暮らしをしていた関。高級住宅地に下宿し、無類の女好きだった秦。祖父が土井晩翠、父が中野好夫、継母が大槻文彦の孫という、文学者一家で育った土井。赤線通いをする三人の蕩児と多田が違っていたのは、多田には詩人の安藤元雄や、のちに文学界を牽引する江藤淳など文学仲間との交流があったこと、そして、能に惹かれて謡曲を習っていたことだ。今ある世界とは別に、自分のアイデンティティーを確かめられる世界をもつことは、冷静な観察者としての目を養う。さらに決定的となったのは、医学部に入るための試験に多田がただ一人合格したことである。

運命は残酷だ。生き延びたほうが勝ちなのか。みんなそれぞれに言い分はあろう。下宿の大家との一件を暴露された秦はともかく、関のその後のいきさつには胸苦しいものがある。借金苦を抱えているのに多田を温泉に招待したり、地元の名士を引き連れて新作能の上演会にやって来たりしたのは、ルサンチマンの裏返しではなかったか。その自尊心の現れが、多田にならば自分のことを書かれても文句はないと覚悟を決めることだったとすれば、それを暗黙のうちに許されたと受け止めた多田もまた、己の中に鵺を飼う業の深い物書きだったと思うのである。

能の視点から日本人の心性について論じた「能と日本人の個人主義」には、目を開かれた。私が編集者として働いていた二十数年前、仕事をご一緒した関係で、ベンサムの研究者で、能のプロデューサーとしても知られる土屋恵一郎・明治大学教授（現学長）が主宰する「橋の会」の公演にたびたび出かけていた。囃子方のふるまいに衝撃を受けたのはそのときだ。西洋音楽にいうハーモニーとか、ジャズのインプロヴィゼーションとはまったく異なる、不協和の協和というのか、リズムも響きも音の粒立ちも、ほとんど理解不能でつかみどころのない音楽に思えた。ところが不快ではまったくない。むしろ、日本人としての遺伝子を自分の中に確認するような豊かな時間だった。ちょうどその頃、絶対音感をテーマに音楽家のインタビューを続けているところで、能楽古典以外の音楽家とコラボレーションも行っている一噌流笛方の一噌幸弘氏のもとを訪ねて、音楽家としての育てられ方を知った。

稽古の基本は、他のパートの囃子方がいないところで、自分の手組を学び、自分の「間」を確立すること。西洋音楽のように互いに聴き合うことはしない。リハーサルもない。本番でのみ、確立した「間」同士がぶつかり合う。習い始めから、西洋音楽とは考え方がまったく違う。多田は、そこにこそ、これからの国際社会を生きる日本人の新しい個人主義の原形がある、というのである。

以前、東京大学応援部を取材したとき、ある主将OBに教えられた「ぷよぷよした個性」という言葉を思い出す。グローバル社会を生き抜く人材を育成するという旗印のもと、個性尊重、個性重視といった耳触りのよい教育を受けてきた世代である。彼はこういった。「摩擦して叩かれてもそれでもなお残るのが個性ではないか」「そうじゃない、ぷよぷよした個性なんか、個性じゃない、格好つけるだけ恥ずかしい」。

逸脱を恐れて集団に埋没するのではなく、ルールを無視した利己主義でもない。多田のいう「はっきりとした主張を持った個人が、ルールに従いながら互いに『間』を『乞い合い』、それを微調整して成立する人間関係」を目指す若者が目の前にいる。他よりはるかに統制を重視する部の主将が、集団と個について、そこまで考え抜いているのかと頼もしく思ったものだ。

今やツィッターやフェイスブックなどのSNSが世界中にはりめぐらされ、個人はかつてないほど自由に発言し、意見表明できるようになった。しかし、多田のいう「確立された個」とはほど遠く、実際には自分が共感できる人同士が集まって蛸壺化していると、英国のITジャーナリスト、ジョン・ロンソンは指摘している。逆に、共感できないものに対しては無視か攻撃に転ずる。日本人も例外ではない。互いの違いを知り、わかりあおうとする寛容さがない。多田が生きていたなら、ネットリンチやヘイトスピーチが横行する現状をどう見ただろうか。

多田の生涯の研究テーマであった免疫学にも、「寛容」という言葉がある。免疫は自己と非自己を厳しく選別する「不寛容」なシステムだが、すべて「不寛容」で成り立っているわけではない。まず自己に対しては「寛容」でなければならず、それが支障をきたせば重大な自己免疫疾患を発症する。

では、非自己に対してはすべて「不寛容」なのか、といえばこれも違う。たとえば、赤ん坊の頃から猫と一緒に育つと、将来猫アレルギーにならない。中国の漆職人は、子どもの頃から少しずつ漆を飲まされるのでかぶれないという。異物であっても反応が起こらない。これらは生まれてまもなく異物の抗原が入ることによる「寛容」だ。

これ以外にも、抗原がごく微量か大量である時や、抗原を口から入れた時には、非自己として反応する細胞を胸腺で殺し、遺伝子の働きを抑制し、攻撃を無力化したり抑制したりする。つまり、非自己と遭遇しても、全部が全部「不寛容」になるわけではない。免疫細胞の一つ、T細胞には、異物が入ってきたときに抗体をつくるのを助ける役や、異物を攻撃するアクセル役、ブレーキ役などがあり、これらがバランスを保って暴走を防いでいる。このうちブレーキ役を務めるサプレッサーT細胞（抑制性T細胞）を発表したのが多田だった。一九七一年の第一回国際免疫学会でのことである。

多田が先生役、南伸坊が生徒役となって免疫の世界をわかりやすく解説した『免疫学個人授業』（新潮社）という本がある。この中で、二人は難解な免疫抑制という概念について語り合っている。そこに、興味深い指摘がある。免疫システムの知恵を民族紛争のように「不寛容」な反応の解決に生かせないものかというのだ。元となる原稿が雑誌『SINRA』に連載されていたのは一九九五〜九六年だから、ちょうどルワンダ大虐殺が世界を震撼させていた頃だろう。多田の言葉を引用する。

免疫系が、あんなに不寛容に他を区別して自己を守る原理は、最近の民族紛争や貿易摩擦に見られる苛酷なまでの排除の論理に似ているし、その原理を知ることは、逆に和解と寛容の道を探るヒントを与えるかもしれません。いまの政治の論理にはそれがないのですから。また、物価上昇や犯罪増加に対する「馴れ」も、ひと皮むけば強力な抵抗力の裏返しです。そのかくされた力をもう一度掘り返すにはどうしたらよいか。それもまた免疫を学びながら

考えるべきことの一つのように思います。（同前）

地球上で、人間ほど大量虐殺を繰り返してきた動物はいない。ここで多田が具体策を示しているわけではないが、生物学的な角度から人間の本質を読み解こうとする態度は、のちに『銃・病原菌・鉄』でピュリツァー賞を受賞する進化生物学者のジャレド・ダイアモンドにも通ずる視点であろう。

南伸坊との対談から二十数年が経ち、生命はより複雑かつ無差別的な危機に晒されている。なぜ人は憎み合い、殺し合うのか。それを知る手がかりを免疫システムに探すという多田の卓見に、今一度耳を傾けたい。

## 科学者としての矜持

本巻の最終章は、医学・科学教育への提言である。これらが書かれたのは、ヒトゲノム解析プロジェクトの真っ直中であり、クローン羊が誕生し、受精卵の操作や再生医療の未来が明るく語られていた頃だ。研究が細分化され、遺伝子ひとつ釣り上げることに一喜一憂し、還元主義極まれりの状況だった。若く柔軟な感性をもつポスドクたちは、機械相手に毎日同じ作業を繰り返す。自分がやっていることは全体の中でどんな位置を占め、どんな意義があるのか考えることもなく、働き続けていた。取材先で、この人は自分がやっている実験が何を目指しているのかわかっているのだろうか、と疑問を抱いたことは一度や二度ではない。ドイツのある再生医療のワークショップを取材した際、不遜を承知で、主催の血液学者に質問したことがある。返ってきた答えは、「いやあ、ほとんどの人が考えてないでしょうね」であった。

そんないきさつもあって、「全体をみることは創造につながる——生命科学の地平」における還元主義批判には、膝を打つ想いだ。ただ、昨今多発する論文捏造事件を見ていると、全体のコンテキストや意味を追求するあまり、文脈上、ここにあってほしい画像や数値をでっちあげる危険性は高まっているように思える。多田が入院中に見舞いに来た建築家は、パソコンばかり見て、書類を書くことばかりに時間を費やしている医師や看護師を見て、「現場監督がいりますね」（「近代医療に欠けているもの」）といったそうだが、「全体を見回して、本当の問題の所在を発見し、直ちに対処する建築監督のような人」（同前）が、自ら過つのだから暗澹たる気持ちになる。STAP細胞事件のように、監視カメラ付きの実験室で再現実験を要求される事態となると世も末だ。多田なら何をいっただろう。

『多田富雄コレクション』全五巻の最後を飾るのは、自らの研究者人生を振り返った講演会「若き研究者へのメッセージ——教えられたこと、伝えたいこと」である。トーキングエイドを使用したというから、この文章を音読した場合の倍以上の時間が費やされたことだろう。私はここで、多田がサプレッサーT細胞（抑制性T細胞）について述べていることに、科学者としての矜恃を見る。一九七一年、近代免疫学は、サプレッサーT細胞の提唱と共に幕を開けた。七〇年代は世界中の研究者がサプレッサーT細胞に熱狂し、「サプレッサー・エイジ」と呼ばれるほどだった。ところが時が経つにつれ、雲行きが怪しくなる。サプレッサーT細胞の機能を担う分子が見つからないのである。八〇年代の中盤には新たな研究方法が登場し、これまでに証拠として提出されたデータの多くが幻だったとわかるや、研究熱は急速に冷めていった。多田の落胆は想像するにあまりある。一九八八年には自らへの批判に答えるため、免疫学の雑誌に手紙を送った。そこには、「“Chi vivrà, vedrà”（生きていればわかるさ）」という、イタリアのことわざが書かれていたという（『ニューヨーク・タイムズ』二〇一〇年五月三日）。

免疫抑制に関する多田の考え方が見直されるきっかけとなったのは、二〇〇〇年のことだ。京都大学の坂口志文教授（現大阪大学教授）が世界的な科学誌『セル』に、レギュラトリーT細胞が同定されたと発表した。免疫寛容を司るT細胞の一つで、過剰な免疫応答の抑制や、恒常性の維持に役立つ。日本語にすれば、制御性T細胞という。

抑制性と制御性では何がどう違うのか、専門家の間でも混乱があるのだろうか、両者は似て非なるものでサプレッサーT細胞は存在と確定している、という意見もあれば、多田が想定したサプレッサーT細胞が、特定の遺伝子をもつレギュラトリーT細胞として同定された、つまり名前が違うだけだという意見もある。免疫反応を抑える細胞が存在するという、基本的なコンセプトには変わりないからである。こうなると一般人はどう理解すればいいのか困ってしまうが、我々の与り知らぬところでなんらかの行き違いが生じていることは確かだろう。

第1巻に収録された中村桂子の解説によれば、多田はそのことを十分承知し、「研究者として超一級のパラドックスに出会えたことを幸運と語っておられました」という。そのような背景をふまえて最終段落を読み進めると、多田の失意と怒りと矜持の入り交じった感情が、にじみ出てくるように思えてならない。あえて片仮名で記す。

キョウソウニカツトハ、ソコニアナタノドクソウセイガミトメラレルカドウカニカカッテイルノデス。（中略）

カガクハスバラシイニンゲンノイトナミデス。ソコニサンカデキタコトハコウフクデシタ。

魂から発せられた機械音声は、若き聴衆の心にどれだけ響いただろう。未来のサイエンスの担い手たちに渡されたバトンは、地球より重い。

さいしょう・はづき　ノンフィクションライター。一九六三年生まれ。関西学院大学法学部卒業。会社勤務を経てフリー。スポーツや音楽、教育、生命科学など様々な分野で取材活動を行う。近年の関心は精神医療と心のケア。『絶対音感』で小学館ノンフィクション大賞、『星新一』で大佛次郎賞、講談社ノンフィクション賞、日本ＳＦ大賞などを受賞。他に『青いバラ』『セラピスト』『れるられる』『ナグネ　中国朝鮮族の友と日本』など。

〈解説〉

# 多田富雄さんの世代と生き方

養老孟司

多田さんは千葉大学から東大医学部に赴任して来られた。私が教授に就任した後は、同僚ということになったが、年齢では三年ほど先輩になる。じつは多田さんと書くと、心理的にやや抵抗がある。私の世代で三年違うと、ずいぶん違う感じがするからである。でも多田先生と書くと、もっと抵抗がある。仕方がないから多田さん。

多田さんが東大におられたときに、免疫学の研究室は医学部本館の右翼にあった。赤門から見て正面の建物だが、中央は事務部で、赤門に向かって建物の右翼が免疫学と法医学、左翼が病理学と解剖学だった。解剖、病理、法医は、いずれも人体の解剖に関係する教室である。解剖関係の建物なのに、なぜ多田さんの免疫学がそこに混ざっているのか。

じつは多田さんが教授として赴任してきたときの講座の名称は、免疫学ではなく、血清学だった。血清学講座は長く緒方富雄先生が主任で、私も学生の時に講義を受けている。緒方先生は幕末の著名な医師、緒方洪庵の曾孫だった。多田さんは東大着任後に講座名を変更しようとするが、この手続きが厄介で、のちに私にこぼしたことがある。確か二年くらいかかったはずである。

私の部屋から建物の反対側に行くと、すぐに多田さんの教授室に行ける。現役中には時々行って、四方山話をしたことがある。多田さんの部屋に行くと、お酒をふるまってもらえたのである。

多田さんが定年を迎えた年に、たまたま私も東大を辞した。私は定年の三年前に辞めたから、そういう計算になる。辞めてから、雑誌の座談会などを含めて、お付き合いがかえって多くなった。そんな気もする。現職は忙しいので、お互いに時間がなかったこともあると思う。もう一つ、変な共通点があった。それは二人とも、それぞれの事情で、東大の現役時代は必ずしもハッピーではなかったことである。世界的な研究者として立っておられた多田さんと、いい加減に過ごしてきた私とを一緒にしては申し訳ない気もするが、じつは教授室に行って個人的に率直な話ができたのは、解剖学の同僚を除けば、ほとんど多田さんだけだった。

定年後には鎌倉の薪能に来られたり、建長寺での賢人？会議にも来られたりして、なにかとご縁があった。いずれさらにゆっくり話ができると思っていたけれど、脳梗塞で不自由になられた。その後は小林秀雄賞の授賞式でお会いして、あとは亡くなるまで、お目にかかる機会を失した。

## 極端な社会変化の経験

今回の第5巻の中心は「人それぞれの鵺を飼う」だと私は思う。最初に世代のことに触れたが、この作品に多田さんの青春時代が当時の友人たちを通して活写されている。私から見ると、この時代が多田さんたちを育てたのである。三年後に後を追った私の世代は、多田さんに比較したら、似たような年代を、はるかにおとなしく、平穏に過ごした。世間の変化が著しかった時代なのである。その変化を青春のどの時期に通過するか、それが後の生き方に大きな影響を与える。

たとえば現在の社会だと、バブル崩壊後二十年、経済でいうなら、ＧＤＰや実質賃金がわずかずつ、ひたすら低下してきた。しかし極端な社会の変化はほとんど起こっていない。多田さんと私が東大を辞めた年は、オウム真理教による地下鉄サリン事件の年だった。これは大きな事件だったが、社会全体を動かしたわけではない。いまどきの若者は、という時には、それを考慮する必要がある。世代論を嫌う人も多いが、大きな社会の変化があった時期は例外であろう。私の十年下になる団塊の世代にも、大きな特徴がある。

私の兄は十歳上で、この年齢だと予科練に行っている。義兄は十四歳上で、旧制三高出身だが、「いい奴はみんな死んだ」と言っていた。いまとなっては、戦中から終戦のような極端な社会の変化は想像もつかないと思う。その時代を現に生きてきた私も、そういうものだと思うだけで、整理ができていない。それぞれに「鵺を飼っている」兄やその友人たちを見ながら、私は真面目な中学・高校生として育った。でも若い時に表に出なかった私の鵺は、むしろ中年に近づいてから動き出したような気がする。多田さんはその鵺に気づいてくれた。だからお付き合いができたのだと思う。養老さんはカマキリみたいだ、と言われたことがある。虫が好きだということを知っておられたこともあろうが、黙ってじっとしているようで、瞬時に襲い掛かってくる、というイメージがあったのかもしれない。

世代の例として、明治維新を挙げておこう。維新というと、福沢諭吉、坂本竜馬、伊藤博文、西郷隆盛などの人物をただちに連想するかもしれない。そうではない。私が思うのは、維新期を子どもで通過した人たちはなにを感じ、なにを考えたか、なのである。それが野口英世、北里柴三郎、志賀潔といった医学者であり、高峰譲吉、鈴木梅太郎といった科学者であり、豊田佐吉のような工業人だったのではないか。こうした人たちは、社会の価値観の変動を、子どもの頃に真正面から受けた。そうなると、ほとんど無意識に、変わらないものとはなにか、それを追求することになる。それが科学者を生み、技術者を生むのは、よく理解できるはずである。科学や技術は社会思想の都合では動かない。だからこそ戦後の「ものづくり」だったのである。多田さんや私の中にも、同じ無意識があったのではないか。免疫系はウソをつかない。間違うとすれば、あくまでも自分が間違うのである。

## 終戦という転換点

このコレクションの中に、米国に初めて留学して、石坂公成先生の下で研究した時の逸話が書かれている。実験中の石坂に話しかけると、石坂は黙って初めから実験をやり直した、という話である。間違えるより、はじめからやり直した方が早い。それが石坂の言い分だった。

こういう厳しさは、普通はない。でも私より上の世代は、多田さんを含めて、そういう厳しさをどこかに持つ先輩たちに鍛えられているのである。それはじつはその人の「すがた・かたち」を見ればわかる。この表現は生物進化について、解剖学の先輩の三木成夫が記したものだが、人にも応用できると私は思ってきた。多田さんの世代から上の人は、私が見ると、それとわかる。立ち居振る舞いがどこか、きちんとしているからである。それが「すがた・かたち」から見てとれる。石原慎太郎もそうだし、多田さんと一緒に同人誌をやっていたと書かれている江藤淳もそうである。私はもっと緩くて、メリハリもない。わずか数年の違いなのに、はっきり違う。私は小学校二年生で終戦だから、ほとんどの教育を戦後に受けている。だからいわば戦後のはしりなのである。

なんの関係もないと思われるかもしれないが、世代論をもう少し続ける。岩村暢子さんの仕事の中で、じつは私と同年の女性たちが、母としてどうであったかが調査されている。岩村さんは最初、『変わる家族　変わる食卓』で四十代の主婦の調査をした。その結果があんまり「酷い」というので、その主婦たちを教育したはずの母親世代がどうだったのかをさらに調査した。その世代こそ、私の世代なのである。それ以前に私は、昭和十二年生まれが二十歳になるときに、雑誌『主婦の友』が編集方針を変換するという記事をどこかで読んでいた。だから多少の関心があったのである。

いまとなっては、どうでもいいことであろう。しかし私の世代、さらにそれより上の世代は、もちろんもはや減少する一方である。やがては細かい事情がわからなくなるはずなので、この年代辺りに問題があったということだけは、ここに注記しておこうかと思った。いわゆる戦後がどこからはじまるかについては、さまざまな意見があり得る。しかし日常生活の上では、まさに私の世代が切り替わりの中心であろう。同年齢の政治家は橋本龍太郎、小渕恵三、森喜朗であり、芸能界では美空ひばり、加山雄三、緒方拳である。この世代は上も下もある程度理解するという意味で柔軟だが、逆に原則に忠実という意味では、まったくダメである。原理主義者には、とうていなれない人たちであろう。それに対して、多田さんの世代はまだしもきちんとしていた。だからこそ、それぞれの鵺を飼いながら、それなりの生き方をしたのである。この作品を読んで、久しぶりに兄や姉の生きた時代を思い起こした。

## 意味を持たないものの意味

多田さんは詩人だった叔父のことを私に語ったことがあり、詩を大切にしておられた。巻頭のⅠにも七編の詩が収録されている。私は詩を論評する資格はない。自分で書くこともない。だから解説もしない。

広範に集められた科学に関する文章は、私にもよく理解できる。若い人にはぜひ勧めたい。千葉大学時代の恩師、岡林篤教授の話や、石坂公成の話を読めば、戦後の個性重視なんて、頭の中の話だけだとすぐにわかる。私より上の世代が、ある意味でいかに厳しい時代を生きたか、それを推察してほしい。でも無理かなあ。そうも思う。多田さんの三年後の私は、そう思えば甘い世代である。いまはもう、甘いというよりも愚かになってしまった。なにしろＳＴＡＰ細胞なんだから。

科学に関する文章の中で、私の記憶に残っている名言がある。「性とはなにか」に収められた「女は存在だが、男は現象だ」である。これを初めて私が聞いたのは、中村桂子さんとの鼎談（『「私」はなぜ存在するか』所収）の席であったかと思う。多田さんはべつに気の利いたことを言おうとしたのではない。素直にそう思っておられたのであろう。ただし今これを言ってみても、若い人たちを含めて、なんのことやら、と思うかもしれない。それは男女の関係を含めて、人どうしの関わり方が、ごく軽くなってきたことと関係しているはずである。

独身が四割に達するという、いわゆるソロ世代が生じ、田舎は人間関係がうるさいから外に出るという人たちが多くなった。これは良し悪しではなく、そうなるのだから仕方がないのである。そこでは強いきずなの人間関係はうるさいもの、面倒なもの、きれいではないものとして、距離を置かれる。これは私と多田さんの世代差ではなく、もっと長期にわたる、大きな変化に違いない。

人と人との関係は、SNSを通して行われるほうがきれいである。現物の人は生臭く、不用なものをそぎ落とすことができない。情報は感覚からの入力だが、現代ではそこに篩《ふるい》があって、意味を持たないものが最初から無視される。オフィスを見ればわかる。そこには意味を持たないものは、じつはなに一つ、置かれていない。眼に篩をかける以前に、意味を持たないものを物理的に排除してしまう。ゴキブリなんて、とんでもないのである。世界は合理的、経済的、効率的でなければならない。それが現代人の信仰箇条である。

逆に自然の中、山の中に行ってみれば、すぐにわかるはずである。そこに転がる石ころも、突き出した木の根も、べつに意味を持っていない。声が聞こえる鳥も、姿が見えるチョウも、べつになんの意味も持たない。意味だけを追う目がヒトを見るようになる時、人どうしの関わり方がSNSになるのは当然であろう。本人が持つさまざまな性質の多くは意味を持たない。しかし近しい人間関係では、それを嫌でも突き付けられてしまう。そんな面倒なもの、いらない。だからSNSなのである。そこでは存在としての女、現象としての男に気づくほど、人々はたがいに近づかない。

## 個性とは何か

多田さんとお能の関係に最後に触れなければならない。免疫学という、当時の最先端の科学の世界にいながら、多田さんは同時に能を離れなかった。こうした生き方は、とくに科学者にとって大切である。システム化された科学の世界は、どうしても専門家であることを要求する。その視点からすれば、古典芸能なんて、要するに暇つぶしに過ぎない。でも多田さんは若い世代に世阿弥の『風姿花伝』を読むように勧める。さらには「能と日本人の個人主義」を語ろうとする。能が科学者としての多田さんにとって、骨肉化していたことがよくわかる文章である。

初めてお会いしたころ、鼓を習った話を繰り返し聞いたことがある。高校生の頃から鼓を練習して、月に一度とか、ふた月に一度とか、師匠のところに行く。師匠の前で鼓を打ってみせるが、その都度ただ「ダメ」と言われる。それがもはや習慣になってしまったころ、だしぬけに「ヨシ」と言われたというのである。

これはじつは私も経験したことがない。でもそうした話を聞く耳を、やっと私が手に入れたころ、多田さんの話を聞いた。だからいまでも強く印象に残っている。日本人はある意味で個人主義が強い。でも戦後はほとんど誰もそう思っていなかった。英国の学者が日本にやって来て、今西進化論に対する日本人学者の意見を調べていったことがある。「日本人は集団主義者だと信じていたが、それぞれがこれほど勝手なことを言う人たちだとは、まったく思っていなかった」。それが彼の結論だった。

師匠のやる通り、十年やって、それで同じにならなければ、弟子のものか、師匠のものか、そこに個性が垣間見える。個性とはそういうもので、はじめから人と違うというのは、たがいに無関係だということの言い換えに過ぎない。

「大勢の人が研究するということは、それが重要だからだ」。多田さんは師の石坂公成にそう教えられたと書く。若者は他人のやらないことをしようと思ったりするのだけれど、それは個性とは違う。そもそも他人が理解できないことを考えても意味がない。他人の一段先を考える。それができるようになれば、研究者にはなれるであろう。

私が多田さんに出会ったのは、じつは遅すぎたような気がする。もう少し早く出会う機会があれば、自分がもう少し早くものを理解したのではなかろうかと思う。だから若い人にこの作品集を読んでもらいたいのである。古典芸能のことも、自分でそれを多少とも理解するようになったのは、中年を過ぎたころだった。他人のせいにするわけではない。しかし戦後の日本社会の雰囲気では、古典芸能など、ほとんど時代遅れの産物だった。そうしたものに触れる機会も、ほとんどなかった。でも真の普遍性に時代遅れなどない。いわゆるグローバル化、国際化が普遍性なのではない。人間の本性に基づくもの、それが普遍なのである。多田さんはそれをよく理解し、しかもそれを身に着けていた。その意味で多田さんは真の教養人だったと思う。

ようろう・たけし　一九三七年生まれ。東京大学大学院基礎医学専攻博士課程修了。医学博士。東京大学名誉教授。解剖学。主な著作に『からだの見方』（ちくま文庫、サントリー学芸賞受賞）『日本人の身体観』（日経ＢＰ社）『唯脳論』（ちくま学芸文庫）『バカの壁』（新潮新書）『骸骨考』（新潮社）他。

# 初出一覧

＊本コレクションの底本が初出と異なる場合［　］内に示す。

## Ⅰ　見知らぬ少年

〈詩〉アフガニスタンの朝長――友枝昭世の「朝長」を見て　『DEN』25、DEN編集室、二〇〇三年七月　［『多田富雄詩集　寛容』藤原書店、二〇一一年］

〈詩〉神様は不在　『DEN』26、二〇〇三年九月　［『多田富雄詩集　寛容』］

〈詩〉オートバイ――ケンタウロスに捧ぐ　『DEN』27、二〇〇三年十一―十二月　［『多田富雄詩集　寛容』］

〈詩〉弱法師――森山開次のコンテンポラリーダンス「弱法師」と、故高橋進の能「弱法師」の記憶とともに　『DEN』28、二〇〇四年一月　［『多田富雄詩集　寛容』］

〈詩〉見知らぬ少年　『DEN』31、二〇〇四年九―十二月　［『多田富雄詩集　寛容』］

〈詩〉リトルリーグ　一九七〇年代後半　［『多田富雄全詩集　歌占』藤原書店、二〇〇四年］

〈詩〉黄金の夕陽――若くして逝った友永井俊作に　一九九〇年頃　［『多田富雄全詩集　歌占』］

## Ⅱ　回想

わが青春の日和山　水戸部浩子『日和山物語――港のある町今昔』みちのく書房、二〇〇六年――［『寡黙なる巨人』集英社、二〇〇七年］

戦後初めての少年　『論座』朝日新聞社、二〇〇三年七月号　［『寡黙なる巨人』］

指が池　『文學界』文藝春秋、一九九四年十月号　『ビルマの鳥の木』新潮文庫、一九九五年」
迷惑のすすめ　『日本経済新聞』一九九五年十月十三日夕刊　『独酌余滴』朝日文庫、二〇〇六年」
涙の効用　『北陸中日新聞』二〇〇五年十二月十一日　『寡黙なる巨人』」
遠い夏の日の川　『FRONT』リバーフロント整備センター、一九九八年一月号　『独酌余滴』」
人それぞれの鵺を飼う　『新潮』新潮社、二〇〇九年五、六、七月号　『残夢整理――昭和の青春』新潮社、二〇一〇年」
百舌啼けば　『文』公文教育研究会、二〇〇七年秋号　『ダウンタウンに時は流れて』集英社、二〇〇九年」

## Ⅲ　若き読者に

世阿弥著『風姿花伝』(花伝書)　『新入社員に贈る一冊』日本経営者団体連盟広報部、一九九〇年
聴診器　『朝日新聞』一九九二年六月二十九日付　『ビルマの鳥の木』」
新・新人類　『日本経済新聞』一九九五年七月二十一日夕刊　『独酌余滴』」
時間の時速　『日本経済新聞』一九九五年九月八日夕刊　『独酌余滴』」
性とはなにか　『新潮』一九九五年五月号　『生命の意味論』新潮社、一九九七年」
鳴らない楽器　『一冊の本』朝日新聞社、一九九九年三月号　『独酌余滴』」
人それぞれの時計　『信濃毎日新聞』一九九九年一月四日　『独酌余滴』」
生命と科学と美――理科が嫌いな中学生の君へ　『中学生の教科書』四谷ラウンド、二〇〇〇年『懐かしい日々の想い』朝日新聞社、二〇〇二年」
能と日本人の個人主義　『DEN』9、二〇〇〇年十一月　『脳の中の能舞台』新潮社、二〇〇一年」

見者の見たもの　『家庭画報』世界文化社、二〇〇二年十一月号　『寡黙なる巨人』
頬を撫でる風――二十一世紀の元旦に　『朝日新聞』二〇〇一年一月一日　『懐かしい日々の想い』
皇室　『諸君!』文藝春秋、二〇〇四年七月号　『寡黙なる巨人』
少年に教えられた命の大切さ　『朝日新聞』二〇〇五年十月二十日付　『寡黙なる巨人』
家族と正業　生活の両輪　『読売新聞』二〇〇九年二月三日夕刊
小林秀雄の読み方――若き読者のために　『別冊太陽162　小林秀雄』平凡社、二〇〇九年十一月

## Ⅳ　科学と医学の未来

科学ジャーナリストの育成を――私の紙面批評　『朝日新聞』一九九三年三月二十日
全体をみることは創造につながる――生命科学の地平　『実験医学』羊土社、二〇〇三年十二月号（Vol.21, No.18）
先端医療と医学教育　『ＮＯＶＡ』特別号、S&C、一九九八年　『懐かしい日々の想い』
職業としての医師の変貌　『山陽新聞』一九九九年八月五日　『懐かしい日々の想い』
救死という思想　『山陽新聞』一九九九年十二月十二日　『懐かしい日々の想い』
近代医療に欠けているもの　『北陸中日新聞』二〇〇五年六月五日　『寡黙なる巨人』
病院ってなに　『北陸中日新聞』二〇〇五年七月三日　『寡黙なる巨人』
水俣病という「踏み絵」　「水俣・千葉展」呼びかけの手紙、二〇〇八年十一月
理科系と文科系　『日本経済新聞』一九九五年十二月二十九日夕刊　『独酌余滴』
教養とは何か　『信濃毎日新聞』一九九九年七月七日　『懐かしい日々の想い』
ゲノム解析と教育　『山陽新聞』二〇〇〇年七月二十三日　『懐かしい日々の想い』

中等教育の目標　『信濃毎日新聞』二〇〇〇年一月四日～二〇〇一年五月五日、連載「今日の視角」より『懐かしい日々の想い』

若き研究者へのメッセージ――教えられたこと、伝えたいこと　（第八四回千葉医学会での講演録、二〇〇八年九月五日）『千葉医学雑誌』二〇〇九年四月（八五巻二号）〔本コレクション収録にあたり小見出しを付した〕

# 多田富雄　略年譜（1934–2017）

＊太字は重要事項

昭和9（1934）　3月31日、茨城県結城市にて多田進とうめの長男として生まれる。祖父・愛治（開業医）と祖母・ふくに育てられる。

昭和11（1936）妹・和代誕生。

昭和15（1940）結城町尋常国民学校入学。学業優秀なるも体育は丙なり。弟・彊平誕生。

昭和18（1943）末妹・洋子誕生。

昭和20（1945）末弟・慎吾誕生。

昭和21（1946）（旧制）茨城県立水海道中学入学。叔母まさこの嫁ぎ先中山勉宅に下宿す。都会から疎開していた友達に刺激を受ける。永井俊作、椎名利、中島嗣夫、川村知也と交流す。ピアノを習う。ライオン先生に植物を学ぶ。

昭和22（1947）学制改革により県立水海道第一高校となる。

昭和24（1949）県立結城第二高校に転校。演劇部に入る。詩を書き、新川和江と交流す。夏期講習に上京し、叔父の弟・中山誠の下宿に転がり込む。朝日五流の能楽会。喜多六平太、梅若実の芸に圧倒される。

昭和26（1951）結城第二高校卒業。文学か医学か迷い早稲田文学部に合格するも本郷二丁目で浪人生活。

昭和28（1953）千葉大学文理学部に入学、船橋に下宿。授業にはあまり出ず、詩の同人雑誌『ピュルテ』を安藤元雄、江頭淳夫（江藤淳）、手塚久子らと出し、詩・評論を書く。小鼓を疎開していた大倉七左衛門師のもとに通い習う。関、秦、土井と交流す。

昭和30（1955）千葉大学医学部に進学。松山に大叔父・多田不二を尋ねる。香川紘子氏に会う。

昭和34（1959）三月卒業。多古中央病院にてインターン。實川モト子さんの兄に主治医として腎不全の治療にあたる。血液透析を試みる。

昭和35（1960）大学院進学。岡林篤先生の病理教室に入り、ウサギの鼻に卵白を入れる実験をはじめる。日本細菌学会で石坂公成先生に注目し、免疫学を志す。ウサギの血液中の補体測定法を石坂照子先生に習いに予研に通う。

昭和38（1963）3月、千葉大学大学院研究科修了（病理学専攻）。6月、石坂先生の招きを受け、アメリカ合衆国コロラド大学医学部、およびデンバー小児喘息研究所にリサーチフェローとして留学。新しい免疫グロブリンEの発見に関わる。実験のあいまにダウンタウンで街の人々と交流、親睦を温める。マーガレット、エビ、エバ、ジニー等テクニシャンと交流。下宿のおばさんのお葬式をとりしきる。

昭和41（1966）千葉大学医学部病理学教室助手。千葉に住む。結婚相手をさがし十数回見合いする。検査技師髙橋英則氏と共同研究免疫教室を設定する。

昭和43（1968）7月4日アメリカ独立記念日に、東京女子医大卒の井坂式江と結婚、千葉寺に住む。9月、デンバー小児喘息研究所に再留学。IgEの細胞を調べる仕事をする。この間、戦争花嫁の千恵子さんやテクニシャンと交流を深める。冨岡玖夫先生が後任にデンバーにこられる。

昭和44（1969）千葉大病理学教室に戻り、千葉市矢作町に住む。12月4日、長男・久里守誕生。奥村康、谷口克が研究室に入局。豚寄生虫を使って実験をはじめる。

昭和46（1971）**第一回国際免疫学会でサプレッサーT細胞の発表をする**。千葉大学医学部病理学教室助手。2月26日、長女・幸誕生。

昭和47（1972）千葉大学講師（医学部病理学教室）。この頃、自宅でねずみを飼う。『スリーアイ』

（鳥居薬品出版）編集委員。8月1日、次女・紋誕生。

昭和49（1974）千葉大学教授（医学部環境疫学研究施設免疫研究部）。7月「レアギン型抗体産生の調節機構に関する研究」で朝日学術奨励金を受ける。ねずみを購入するも猫に襲われる。

昭和50（1975）千葉市都町に新居を建てる。

昭和51（1976）11月「**免疫応答の調節機構に関する研究」で第二〇回野口英世記念医学賞**。

昭和52（1977）**第一九回ベルツ賞**。アメリカ免疫学会名誉会員。7月、東京大学医学部教授に。一年間千葉大教授を兼任。奥村、早川、浅野を中心に平松、安部、越智、熊谷、入局。

昭和54（1979）夏、東京都文京区本郷に転居。イタリア医学賞選考委員としてセント・ビンセントへ。

昭和55（1980）6月、**エミール・フォン・ベーリング賞**、西ドイツ・マールベルグへ（賞金半額クラウスへ）。9月、親友永井俊作逝く。『アレルギー学の歩み』編集。

昭和56（1981）能楽堂に通いだし能面を打ち始める。

昭和57（1982）1月、**朝日賞を**利根川進、本庶佑氏と共に**受賞**。小鼓を再び習いはじめる。

昭和58（1983）第五回国際免疫学会を会長・阪大総長山村雄一先生のもとで、京都国際会館で開催。プログラム委員長を引き受ける。能「葵上」公演解説する。写真家森田拾史郎氏に会う。

昭和59（1984）秋、**日本医師会医学賞**。**文化功労者**、尾上松緑氏・森繁久彌氏と共に。**結城市民栄誉賞**、北村武氏・新川和江氏と共に。

昭和60（1985）科学技術会議ライフサイエンス部会委員。

昭和61（1986）第二回「生命科学と人間」に関する国際学会（フランス、ランブイエ）、日本代表・桑原武夫氏と共に。NHKで「驚異の小宇宙・人体　第六回　免疫」放映。

昭和62（1987）『老いの様式』（多田富雄・今村仁司編集）。11月、持田記念学術賞。

昭和63（1988）4月、ポーランド・コペルニクス医科大学名誉博士。北川寛・弟慎吾・式江とミュンヘンからワルシャワへ旅行。11月、**国際アレルギー免疫学会功労賞**。従弟・多田正毅の経済後援を得て、WACIID開校。

平成元（1989）英文学術誌『インターナショナル・インムノロジー』を発刊し、その主幹となる。ニューヨーク癌研究所科学評議員。

平成2（1990）メトロポリタンのツアーでゾルタン・オヴァリー、上田氏とエジプトへ。

平成3（1991）『生と死の様式』（多田富雄・河合隼雄編集）。2月、脳死と臓器移植を主題にした能「無明の井」初演。

平成4（1992）旅行記『イタリアの旅から』、ゾルタン・オヴァリーに捧げる。

平成5（1993）4月、『**免疫の意味論**』。スーパー・システムの理論を哲学まで発展させたとして、10月、**第二〇回大佛次郎賞**。朝鮮人強制連行を主題にした新作能「望恨歌」、国立能楽堂初演。『免疫』（岸本忠三・多田富雄編）。

平成6（1994）『生命――その始まりの様式』（多田富雄・中村雄一郎編集）。日本学術会議第七常置委員会ICSU分科会会員。東京大学定年退職、最終講義はほら貝で始め、半能「高砂」の小鼓を宝生能楽堂で打つ。東京大学名誉教授。文京区向丘・高崎屋五階に事務所を開設し陽遁、能評、エッセイを書き始める。この頃唐辛子に興味を示し、栽培する。モロッコへツアー旅行。鼎談集『「私」はなぜ存在するか』（養老孟司・中村桂子・多田富雄）。

平成7（1995）東京理科大学生命科学研究所所長。**国際免疫学会連合会長**（サンフランシスコにて選出される）。対談集『生命のまなざし』、免疫の意味論をめぐって。初エッセイ『ビルマの鳥の木』。白洲正子氏を見舞い、以後交流が始まる。アフリカ諸国免疫連合でケープタウンへ。ルーマニア医学科学アカデミー名誉会員。年末、インド・パレス、オン・ウイールで旅行。『日本の名随筆　人間』編集。

平成9（1997）『生命の意味論』。国際補完代替医療雑誌のアドバイザーとなる。ビーグル犬イプシロン死す。NHK「人間大学　自己と非自己」の講義放映。

平成10（1998）第一〇回国際免疫学会を連合会長としてインドで開催する。12月、白洲正子氏死去。

平成11（1999）『独酌余滴』、二冊目のエッセイ集。『私のガラクタ美術館』、富雄のコレクションについてのエッセイ。冠太平洋免疫学会、タイで開催、関口輝比古君に会う。NHK国際番組審議会長。『DEN』（伝統芸術）監修。

平成12（2000）**『独酌余滴』で日本エッセスト・クラブ賞**を受ける。『人間の行方』、山折哲雄氏との対談。相対性原理を主題にした新作能「一石仙人」を書く。『橋岡久馬の能――アポロンにしてディオニソス』（森田拾史郎・多田富雄）。

平成13（2001）3月、日本オランダ友好四百年でライデンへ。4月、『免疫・「自己」と「非自己」の科学』。『脳の中の能舞台』。『老いとは何か』（福原善春・多田富雄）。**5月、金沢で斃れる**。脳梗塞、右半身麻痺、構音障害。7月、東京に戻り、リハビリに励む。

平成14（2002）住居を文京区湯島マンションに移す。『懐かしい日々の想い』。能評、詩、エッセイなど文筆活動。

平成15（2003）5月、横浜ケンタウロスの後援で「一石仙人」横浜能楽堂で初演。『邂逅』（鶴見和子・多田富雄の往復書簡）。

平成16（2004）『多田富雄全詩集　歌占』。『露の身ながら』（柳澤桂子・多田富雄の往復書簡）。本郷自宅新築（岩崎敬氏設計による）。

平成17（2005）『あらすじで読む名作能50』（森田拾史郎・多田富雄）。4月、前立腺癌で去勢術を受ける。8月、「原爆忌」広島で初演。11月、「長崎の聖母」浦上天主堂で初演。NHKスペシャル「脳梗塞からの〝再生〟――免疫学者・多田富雄の闘い」放映。

平成18（2006）3月、**第五七回NHK放送文化賞**。

**リハビリ日数制限に反対し署名運動**する。「**自然科学とリベラルアーツを統合する会」（INSLA）設立し代表に**。

平成19（2007）『能の見える風景』『懐かしい日々の対話』『わたしのリハビリ闘争——最弱者の生存権は守られたか』『寡黙なる巨人』、闘病記、エッセイ。前立腺癌放射線治療。9月、「横浜三時空」横浜能楽堂で初演。

平成20（2008）「花供養」（白洲正子没後十年追悼能）。『言魂』（石牟礼道子・多田富雄の往復書簡）。10月、**『寡黙なる巨人』で小林秀雄賞を受賞**。

平成21（2009）2月、ETV特集「もう一度会いたかった——多田富雄、白洲正子の能を書く」放映。6月、「沖縄残月記」セルリアンタワー能楽堂で初演。秋、胃ろう手術を受ける。左鎖骨骨折。瑞宝重光章叙勲、宮中参内。癌腹部転移部に放射線治療。『ダウンタウンに時は流れて』『花供養』（白洲正子・多田富雄、笠井賢一編）。

平成22（2010）『落葉隻語　ことばのかたみ』『残夢整理』。**4月21日、癌性胸膜炎・呼吸不全にて死亡**。

平成22（2010）6月18日、「多田富雄を偲ぶ会」、東京會舘ローズルームにて開催。7月15日、NHK-BShi「100年インタビュー　特集・多田富雄」放映。7月、『環』42号・特集「多田富雄の世界」。11月、ゾルタン・オヴァリー著『免疫学の巨人』（多田富雄訳）。

平成23（2011）『詩集　寛容』。11月、一周忌追悼会。

平成24（2012）4月21日、三回忌追悼能公演「無明の井」／第四回INSLA講演会（国立能楽堂）。

平成25（2013）4月21日、第一回「こぶし忌」。『多田富雄新作能全集』『寛容のメッセージ』。

平成26（2014）4月21日、第二回「こぶし忌」。

平成27（2015）4月21日、第三回「こぶし忌」。

平成28（2016）4月21日、七回忌追悼能公演「生死の川——高瀬舟考」国立能楽堂で初演、第四回「こぶし忌」。

平成29（2017）4月21日、『多田富雄コレクション』全5巻発刊記念イベント「多田富雄の仕事——科学と芸術の統合」（浜離宮朝日ホール）。

# 多田富雄　主要著作一覧

## ■単著

『イタリアの旅から――科学者による美術紀行』誠信書房、一九九二年（新潮文庫、二〇一二年）
『望恨歌――能』橋岡會、一九九三年
『免疫の意味論』青土社、一九九三年
『ビルマの鳥の木』日本経済新聞社、一九九五年（新潮文庫、一九九八年）
『生命へのまなざし――多田富雄対談集』青土社、一九九五年（新装版、二〇〇六年）
『生命の意味論』新潮社、一九九七年
『免疫・「自己」と「非自己」の科学』ＮＨＫブックス、二〇〇一年
『生命をめぐる対話』大和書房、一九九九年（ちくま文庫、二〇一二年）
『独酌余滴』朝日新聞社、一九九九年（朝日文庫、二〇〇六年）
『私のガラクタ美術館』朝日新聞社、二〇〇〇年
『脳の中の能舞台』新潮社、二〇〇一年
『懐かしい日々の想い』朝日新聞社、二〇〇二年（再編『生命の木の下で』新潮文庫、二〇〇九年）
『歌占――多田富雄全詩集』藤原書店、二〇〇四年
『懐かしい日々の対話』大和書房、二〇〇六年
『わたしのリハビリ闘争――最弱者の生存権は守られたか』青土社、二〇〇七年

『寡黙なる巨人』集英社、二〇〇七年（集英社文庫、二〇一〇年）
『能の見える風景』藤原書店、二〇〇七年
『ダウンタウンに時は流れて』集英社、二〇〇九年（『春楡の木陰で』集英社文庫、二〇一四年）
『落葉隻語　ことばのかたみ』青土社、二〇一〇年
『残夢整理――昭和の青春』新潮社、二〇一〇年（新潮文庫、二〇一三年）
『詩集 寛容』藤原書店、二〇一一年
『多田富雄新作能全集』藤原書店、二〇一二年
『寛容のメッセージ』青土社、二〇一三年
『多田富雄のコスモロジー――科学と詩学の統合をめざして』藤原書店、二〇一六年
『多田富雄　からだの声をきく』平凡社 STANDARD BOOKS、二〇一七年
『多田富雄コレクション』全5巻、藤原書店、二〇一七年
1　自己とは何か――免疫と生命（解説＝中村桂子・吉川浩満）
2　生の歓び――食・美・旅（解説＝池内紀・橋本麻里）
3　人間の復権――リハビリと医療（解説＝立岩真也・六車由実）
4　死者との対話――能の現代性（解説＝赤坂真理・いとうせいこう）
5　寛容と希望――未来へのメッセージ（解説＝最相葉月・養老孟司）

■共著

『「私」はなぜ存在するか――脳・免疫・ゲノム』（中村桂子・養老孟司と）哲学書房、一九九四年（哲学文庫、二〇〇〇年）

『免疫学個人授業』（南伸坊と）新潮社、一九九七年（新潮文庫、二〇〇一年）
『アポロンにしてディオニソス――橋岡久馬の能』（森田拾史郎写真）アートダイジェスト、二〇〇〇年
『人間の行方――二十世紀の一生、二十一世紀の一生』（山折哲雄と）文春ネスコ発行・文藝春秋発売、二〇〇〇年
『老いとは何か』（福原義春と）求龍堂、二〇〇一年
『邂逅』（鶴見和子と）藤原書店、二〇〇三年
『露の身ながら――いのちへの対話　往復書簡』（柳澤桂子と）集英社、二〇〇四年（集英社文庫、二〇〇八年）
『言魂』（石牟礼道子と）藤原書店、二〇〇八年
『花供養』（笠井賢一編、白洲正子と）藤原書店、二〇〇九年

■監修

『好きになる免疫学――「私」が「私」であるしくみ』（講談社サイエンティフィク編、萩原清文著）講談社、二〇〇一年
『好きになる分子生物学――分子からみた生命のスケッチ』（講談社サイエンティフィク編、萩原清文著）講談社、二〇〇二年
『あらすじで読む名作能50』（森田拾史郎写真）世界文化社、二〇〇五年
『マンガ分子生物学――ダイナミックな細胞内劇場』（萩原清文作・画、谷口維紹と共監修）哲学書房、一九九九年

## ■編集

『アレルギー学の歩み――九人の研究者の観点』医薬の門社、一九八〇年
『インターロイキンとコロニー刺激因子』デー・エム・ベー・ジャパン、一九八九年
『人間』（日本の名随筆、別巻九〇）作品社、一九九八年

## ■共編

『新・目でみる免疫学』（矢田純一と）山之内製薬、一九八三年
『免疫学入門』（螺良英郎と）医薬の門社、一九八三年
*Progress in immunology V――fifth International Congress of Immunology*（山村雄一と）, Academic Press, 1983.
『免疫の遺伝』（岩波講座免疫科学）（笹月健彦と）岩波書店、一九八四年
『免疫応答の調節』（岩波講座免疫科学）（浜岡利之と）岩波書店、一九八四年
*Immunogenetics――its application to clinical medicine*（笹月健彦と）, Academic Press, 1984.
『老いの様式――その現代的省察』（今村仁司と）誠信書房、一九八七年
『現代免疫学』（山村雄一と）医学書院、一九八八年（第二版、一九九二年）
『生と死の様式――脳死時代を迎える日本人の死生観』（河合隼雄と）誠信書房、一九九一年
『免疫学用語辞典』（第三版）（谷口克・奥村康・宮坂昌之・安保徹らと）最新医学社、一九九三年
『免疫工学の進歩』（谷口克・福井宣規と）医学書院、一九九三年
『生命――その始まりの様式』（中村雄二郎・村上陽一郎らと）誠信書房、一九九四年
『免疫系の調節因子』（免疫のフロンティア）（石坂公成と）医学書院、一九九七年

■訳書

ゾルタン・オヴァリー著『免疫学の巨人——七つの国籍を持った男の物語』集英社、二〇一〇年

■監訳書

ウィリアム・E・ポール編『基礎免疫学』上下、東京大学出版会、一九八六・一九八七年

Ivan Roitt ほか著『免疫学イラストレイテッド』南江堂、一九八六年（原書第五版、二〇〇〇年）

『免疫学への招待』（辻守哉ほか訳）南江堂、一九八七年

Jonathan Brostoff ほか著『臨床免疫学イラストレイテッド』（狩野庄吾・広瀬俊一訳）南江堂、一九九四年

**著者紹介**

多田富雄（ただ・とみお）

1934年，茨城県結城市生まれ。東京大学名誉教授。専攻・免疫学。元・国際免疫学会連合会長。1959年千葉大学医学部卒業。同大学医学部教授，東京大学医学部教授を歴任。71年，免疫応答を調整するサプレッサー（抑制）T細胞を発見，野口英世記念医学賞，エミール・フォン・ベーリング賞，朝日賞など多数受賞。84年文化功労者。

2001年5月2日，出張先の金沢で脳梗塞に倒れ，右半身麻痺と仮性球麻痺の後遺症で構音障害，嚥下障害となる。

2010年4月21日死去。

著書に『免疫の意味論』（大佛次郎賞）『生命へのまなざし』『落葉隻語　ことばのかたみ』（以上，青土社）『生命の意味論』『脳の中の能舞台』『残夢整理』（以上，新潮社）『独酌余滴』（日本エッセイストクラブ賞）『懐かしい日々の想い』（以上，朝日新聞社）『全詩集 歌占』『能の見える風景』『花供養』『詩集 寛容』『多田富雄新作能全集』（以上，藤原書店）『寡黙なる巨人』（小林秀雄賞）『春楡の木陰で』（以上，集英社）など多数。

多田富雄《ただとみお》コレクション（全5巻）
5　寛容《かんよう》と希望《きぼう》――未来《みらい》へのメッセージ

2018年1月10日　初版第1刷発行©

著　者　多田富雄
発行者　藤原良雄
発行所　株式会社　藤原書店

〒162-0041　東京都新宿区早稲田鶴巻町523
電　話　03（5272）0301
FAX　03（5272）0450
振　替　00160 - 4 - 17013
info@fujiwara-shoten.co.jp

印刷・製本　中央精版印刷



Printed in Japan
ISBN978-4-86578-154-0

渾身の往復書簡

# 言魂（ことだま）

## 石牟礼道子＋多田富雄

免疫学の世界的権威として、生命の本質に迫る仕事の最前線にいた最中、脳梗塞に倒れ、右半身麻痺と構音障害・嚥下障害を背負った多田富雄。水俣の地に踏みとどまりつつ執筆を続け、この世の根源にある苦しみの彼方にほのかな明かりを見つめる石牟礼道子。生命、魂、芸術をめぐって、二人が初めて交わした往復書簡。『環』誌大好評連載。

B6変上製　二一六頁　二二〇〇円
（二〇〇八年六月刊）
◇ 978-4-89434-632-1

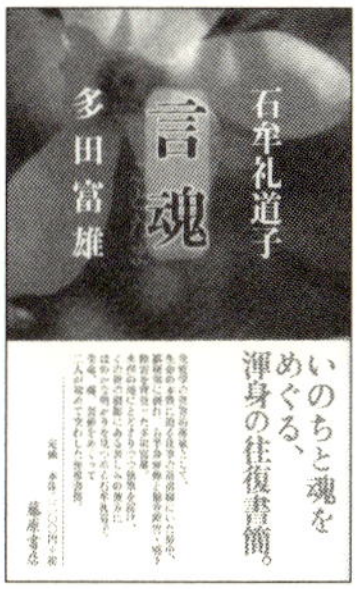


韓国と日本を代表する知の両巨人

# 詩魂

## 高銀《コウン》＋石牟礼道子

石牟礼「人と人の間だけでなく、草木とも風とも一体感を感じる時があって、そういう時に詩が生まれます」。

高銀「亡くなった漁師たちの魂に、もっと海の神様たちの歌を歌ってくれと言われて、詩人になったような気がします」。

韓国を代表する詩人・高銀と、日本を代表する作家・詩人の石牟礼道子が、魂を交歓させ語り尽くした三日間。

四六変上製　一六〇頁　一六〇〇円
（二〇一五年一月刊）
◇ 978-4-86578-011-6

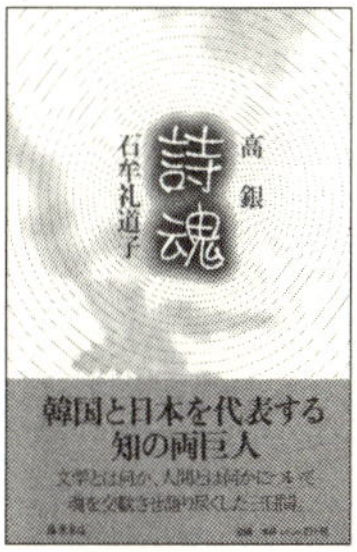


作家・詩人と植物生態学者の夢の対談

# 水俣の海辺に「いのちの森」を

## 宮脇昭＋石牟礼道子

「私の夢は、『大廻《うまわ》りの塘《とも》』の再生です」——石牟礼道子の最後の夢、子ども時代に遊んだ、水俣の海岸の再生。そこは有機水銀などの毒に冒され、埋め立てられている。アコウや椿の木、魚たち……かつて美しい自然にあふれていたふるさとの再生はできるのか？　水俣は生まれ変われるか？　「森の匠」宮脇昭の提言とは？

B6変上製　二一六頁　二〇〇〇円
（二〇一六年一〇月刊）
◇ 978-4-86578-092-5

水俣の再生と希望を描く詩集

# 坂本直充詩集 光り海

## 坂本直充

推薦＝石牟礼道子

特別寄稿＝柳田邦男　解説＝細谷孝

「水俣病資料館館長坂本直充さんが詩集を出された。胸が痛くなるくらい、穏和なお人柄である。『毒死列島身悶えしつつ野辺の花』という句をお贈りしたい。」（石牟礼道子）

**第35回熊日出版文化賞受賞**

A5上製　一七六頁　二八〇〇円
（二〇一三年四月刊）
◇ 978-4-89434-911-7

**免疫学者の詩魂**

# 多田富雄全詩集 歌占（うたうら）

**多田富雄**

重い障害を負った夜、私の叫びは詩になった――江藤淳、安藤元雄らと作を競った学生時代以後、免疫学の最前線で研究に邁進するなかで、幾度となく去来した詩作の軌跡と、脳梗塞で倒れて後、さらに豊かに湧き出して、声を失った生の支えとなってきた最新の作品までを網羅した初の詩集。

A5上製　一七六頁　**二八〇〇円**
（二〇〇四年五月刊）
◇978-4-89434-389-4

**能の現代的意味とは何か**

# 能の見える風景

**多田富雄**

脳梗塞で倒れてのちも、車椅子で能楽堂に通い、能の現代性を問い続ける一方、新作能作者として、『一石仙人』『望恨歌』『原爆忌』『長崎の聖母』など、能という手法でなければ描けない、筆舌に尽くせぬ惨禍を作品化する。作り手と観客の両面から能の現場にたつ著者が、なぜ今こそ能が必要とされるのかを説く。

**写真多数**
B6変上製　一九二頁　**二二〇〇円**
（二〇〇七年四月刊）
◇978-4-89434-566-9

**脳梗塞で倒れた後の全詩を集大成**

# 詩集 寛容

**多田富雄**

「僕は、絶望はしておりません。長い闇の向こうに、何か希望が見えます。そこに寛容の世界が広がっている。予言です。」二〇〇一年に脳梗塞で倒れてのち、声を喪いながらも生還し、新作能作者として、リハビリ闘争の中心として、不随の身体を抱えて生き抜いた著者が、二〇一〇年の死に至るまで、全心身を傾注して書き継いだ詩のすべてを集成。

四六変上製　二八八頁　**二八〇〇円**
（二〇一一年四月刊）
◇978-4-89434-795-3

**現代的課題に斬り込んだ全作品を集大成**

# 多田富雄新作能全集

**多田富雄　笠井賢一編**

免疫学の世界的権威として活躍しつつ、能の実作者としても現代的課題に次々と斬り込んだ多田富雄。現世と異界とを自在に往還する「能」でなければ描けない問題を追究した全八作品に加え、未上演の二作と小謡を収録。巻末には六作品の英訳も附した決定版。

**口絵一六頁**
A5上製クロス装貼函入
四三二頁　**八四〇〇円**
（二〇一二年四月刊）
◇978-4-89434-853-0

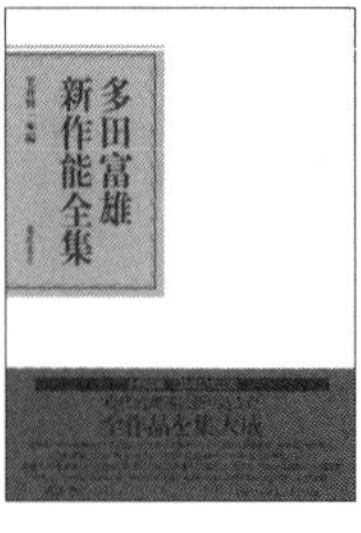

# 多田富雄コレクション（全5巻）

四六上製　各巻330頁平均／口絵2～10頁
各本体2800～3600円　隔月刊

**推薦** 石牟礼道子・梅若玄祥・中村桂子・永田和宏・福岡伸一・松岡正剛・養老孟司

## 1 自己とは何か【免疫と生命】　（第1回配本／2017年4月刊）

**●多田富雄「免疫論」のインパクトと現代的意味。**

Ⅰ 免疫とは何か／免疫の発見／免疫の内部世界／多様性の起源／自己免疫の恐怖／都市と生命／超システムの生と死　Ⅱ 老化―超システムの崩壊／超システムとしての人間／手の中の生と死／人間の眼と虫の眼／死は進化する／人権と遺伝子／共生と共死 ほか　◉解説 **中村桂子・吉川浩満**

ISBN978-4-86578-121-2　344頁　本体2800円＋税

## 2 生の歓び【食・美・旅】　（第2回配本／2017年6月刊）

**●世界を旅し、生を楽しんだ科学者の、美に対する視線。**

Ⅰ 春夏秋冬、能と酒／茸と地方文化／クレモナの納豆作り／集まる所と喰う所　Ⅱ サヴォナローラの旅／ふしぎな能面／キメラの肖像／真贋／ガンダーラの小像　Ⅲ パラヴィチーニ家の晩餐／サンティアゴの雨／チンクエ・テーレの坂道 ほか　◉解説 **池内紀・橋本麻里**

ISBN978-4-86578-127-4　320頁　本体2800円＋税

## 3 人間の復権【リハビリと医療】　（第3回配本／2017年8月刊）

**●脳梗塞からの半身麻痺で、より深化した、「生きること」への問い。**

Ⅰ〈詩〉新しい赦しの国／小謡 歩み／寡黙なる巨人／回復する生命　Ⅱ〈詩〉君は忿怒佛のように／リハビリ打ち切り問題と医の倫理／介護に現れる人の本性　Ⅲ 死の生物学／引き裂かれた生と死／死のかくも長いプロセス／「老い」断章 ほか　◉解説 **立岩真也・六車由実**

ISBN978-4-86578-137-3　320頁　本体2800円＋税

## 4 死者との対話【能の現代性】　（第4回配本／2017年10月刊）

**●死者の眼差しの伝統芸能から汲み取ったこと、付け加えたこと。**

Ⅰ〈詩〉歌占／水の女／OKINA／死者たちの復権　Ⅱ 春の鼓／老女の劇／脳の中の能舞台／姨捨／間の構造と発見／白洲さんの心残り／山姥の死　鶴見和子さん　Ⅲ〈新作能〉無明の井／望恨歌／一石仙人／原爆忌／花供養 ほか　◉解説 **赤坂真理・いとうせいこう**

ISBN978-4-86578-145-8　320頁　本体3600円＋税

## 5 寛容と希望【未来へのメッセージ】（最終配本／2017年12月刊）

**●科学・医学・芸術の全てを吸収した青春と、次世代に伝えたいこと。**

Ⅰ〈詩〉アフガニスタンの朝長／神様は不在／見知らぬ少年　Ⅱ わが青春の日和山／人それぞれの鵜を飼う　Ⅲ 聴診器／人それぞれの時計／生命と科学と美／小林秀雄の読み方　Ⅳ 救死という思想／若き研究者へのメッセージ ほか　〈附〉略年譜・著作目録　◉解説 **最相葉月・養老孟司**

ISBN978-4-86578-154-0　296頁　本体3000円＋税

一九九五年二月二七日第三種郵便物認可　二〇一七年一二月一五日発行（毎月一回一五日発行）

月刊
機
2017
12
No. 309

発行所　株式会社 藤原書店©
〒一六二−〇〇四一　東京都新宿区早稲田鶴巻町五二三
電話　〇三・五二七二・〇三〇一（代）
FAX　〇三・五二七二・〇四五〇
◎本冊子表示の価格は消費税抜きの価格です。

編集兼発行人
藤原良雄
頒価 100円

明治維新一五〇年記念に贈る「新しい日本史」！ 別冊『環』㉓刊行！

# 江戸−明治は、連続する

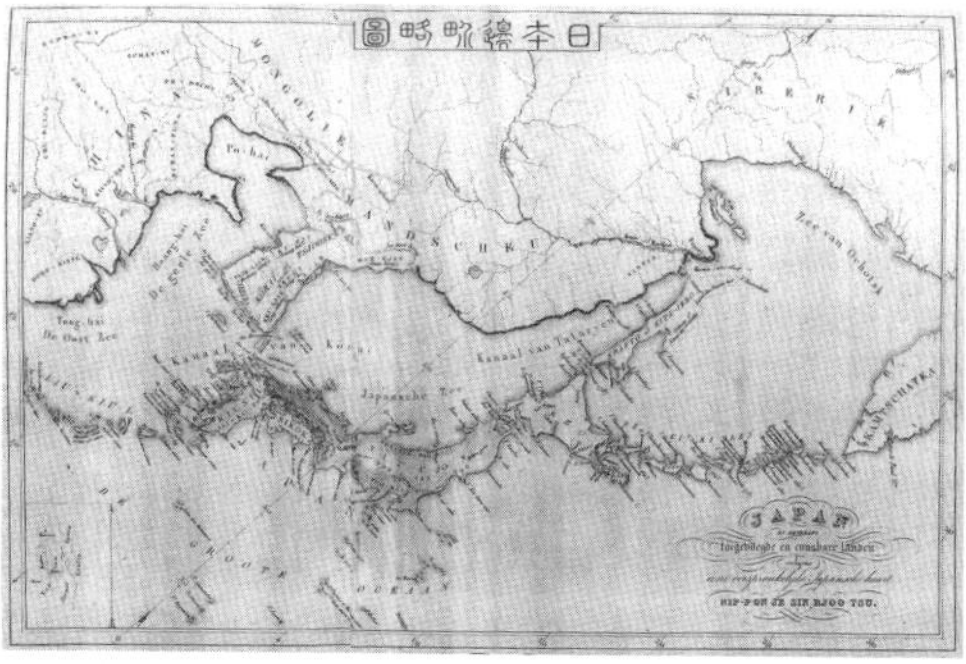

シーボルト『日本』所収の「日本辺界略図」

「明治維新」を境に江戸・明治は断絶するわけではない。江戸に育まれた文化は明治にも生き続け、明治における近代化は、江戸期に培われた土壌の上に築かれた。「鎖国の時代」と言われる江戸期も、絶えず文化は交流し、社会は変化し流動していた。また政治的な時代区分に囚われず、人と地域の連続した歴史のうねりを捉える必要がある。二〇一八年は「明治維新一五〇年」と謳われるが、今改めて〝時代区分〟を捉え直し、日本における「近代化」とは何かを問い、〝新しい日本史〟を提示する野心作を、今月、『別冊 環』㉓として刊行する。

編集部

## ● 十二月号 目次 ●

明治維新一五〇年記念に贈る「新しい日本史」
連続する「時間」「空間」の日本史　浪川健治　古家信平　2

世界的免疫学者の全貌を示すコレクション、ついに完結！
多田富雄さんとの出会い　養老孟司　6
多田富雄の「寛容」に学ぶ　最相葉月　8

「内村さんのような人が明治に産出したことは明治の光だ」
明治の光・内村鑑三　新保祐司　10

七〇年の幻の書が、現代中国でのリベラリズム運動に再燃
中国で今甦る胡適とは何者か　J・B・グリーダー　12

未刊詩集『日本風土記Ⅱ』が「復元詩集」としていよいよ刊行
立ち消えになった『日本風土記Ⅱ』のいきさつ　金時鐘　14

〈リレー連載〉近代日本を作った100人45「長谷川時雨——女性文学のパイオニア」尾形明子 18
〈連載〉今、世界はⅣ—8「中華帝国と旭日帝国」平川祐弘20　沖縄からの声Ⅲ—9「空手」大城立裕21　『ル・モンド』から世界を読むⅡ—16「フランス語は男尊女卑？」加藤晴久22　花満径21「草むす屍」中西進23　生きているを見つめ、生きるを考える33「本当の賢さを動物に学ぶ」中村桂子24　国宝『医心方』からみる9「中国の柚と日本の柚について」槇佐知子25
11・1月刊案内／読者の声・書評日誌／イベント報告／刊行案内・書店様へ／告知・出版随想

# 連続する「時間」「空間」の日本史

浪川健治／古家信平

## 大きな時間の「時代区分」の限界

歴史は現在の目を通して、現在の問題に照らして過去を見ることで成り立つ。つねに、現代という時代をどうとらえるのか、という自分なりの考えが必要となってくる。また、現在を知るためには、過去がつねに参照されなければならないこと、つまり歴史を学ぶということは過去との対話を通じて自己を表現するということになってくる。だから、歴史を学ぶことでこそ、今、われわれはどこにいて、どこへ向かうのか、未来に向けて方向づけられる。歴史学は、そうした視点から「歴史事象を発見する」（観察）、「普遍的に考える」（仮説）、「資料を集め、批判する」（実験）ことを行うのである。

歴史は、時間と空間のなかに創り出される。

歴史は人間の生活と社会とを主たる考察対象とするが、それに関わる自然環境なども含めて、それらがどのように時間的に変遷してきたのかを明らかにする。しかし、歴史そのものも、またその歴史を認識・考察する手がかり（それらは歴史資料あるいは史料と呼ばれる）も、対象や時代、さらには地域＝空間などが影響して多様である。

地域については、とくに日本中世史の分野での境界論の進展に見られるように、国境という近代国家の概念とは異なる概念から空間をとらえ歴史を見直していくことが進んでいる。しかし、一方の時間についてはどうであろうか。つまり、時間に対する時代の規定性とは、疑いのないものなのだろうか。

身近な歴史を見ても時間で歴史を区切る時代区分が、北（蝦夷嶋・蝦夷地）と南（琉球・先島）ではまったく様相が違うことは明らかである。それだけでなく、本州の文化も同質・同時的に一元的であったとは言えないだろう。むしろ、大きな時間的な枠組みとしての時代区分が、あたかも人間とその社会をある時点であらゆる面で区画し、断絶させてしまってはいないだろうか。

## 今求められる時代認識の問い直し

ジャック・ル＝ゴフは、時代区分、すなわち時間的な「区切りは、単に時間的順序をあらわすものではない。そこには同時に、移行や転換があるという考え、それどころか前の時代の社会や価値観の否定さえもが表現されているのだ。したがって時代には特別な意味がある。」と述べている（『時間区分は本当に必要か？』藤原書店）。そのうえで、フェルナン・ブローデルが描いた「複数の社会的時間」、そして「長期持続」という時代の推移、時間的連続やその逆に切断へと関わらせる。

そこでは、転換期はどのように位置づけられてくるのか。ル＝ゴフは、「長期持続の歴史とグローバル化」は、いずれも時代区分を否定するものではなく、「計られない持続と計られる時間」の共存であると述べる。そして、「時代区分は、限られた文明領域にしか適用できない」のに対して、「グローバル化とは、そのあとにこれらのまとまりのあいだの関係を見つけること」と意味づける。そのうえで、「グローバル化と画一化を混同してはならない」ことを強調し、グローバル化には二つの段階があり、「まずは互いに知らない地域や文明のあいだにコミュニケーションが生じ関係が確立される。つづいて、吸収され溶解していく現象が起こる。今日まで人類が体験したのは、このうちの第一段階のみである」と述べる。この場合、第一段階は国際化としてのグローバル化に相当しよう。こうした指摘を踏まえて、今日の歴史研究は時代区分と相互連関させながら、「長期持続の歴史とグローバル化」についての考察を進めていくことが必要であり、空間認識と関わらせた時間、または時代認識の問い直しが求められている。

## 「明治維新」を問い直す

これまで日本史においては、〝明治維新〟を境にして「近世」と「近代」とに厳然と分かたれ、その連続性について考慮されることはほとんどなかった。が、人々は、江戸期に形成された知を養分にして明治に生きたのだし、そのなかで世界と自らの生きる位置を知ることによって、幕藩制という政治体制、日本における封建制が終わりに近づいていることを知ったはずである。また欧米文化への理解が進んでいたとしても、それはあらかじめ用意された明治維新というゴールを迎えるための助走ではなかった。今日それが、あたかも予定されたゴールとして意識されるのは、既存の時代区分の投影であり、そこから脱却するためには、十八世紀前期~中葉にかけての「地域社会の変動の端緒期」から、グローバル化された国家が市場経済を主導した近代までを一体とした歴史過程としてとらえることが必要である。これを「連続する歴史」として捉え、その歴史像と特質を検討することで、はじめて〝列島〟における諸変化は描出できよう。

　問題は地域と世界はどのように関連されてくるのかであり、生きた人間の活動と相互関係、社会的諸関係は既存の時代区分というフレームのなかに構成できるのかであろう。つまり、ことなる地域、ことなる人間と社会関係をいかにくわしく検証したとしても、それは細分化された歴史の集積にしかならない。その上にどのような時代区分が検討されるのであろうか。はなしは逆のように思える。

　本書のなかで、デビッド・ハウエルは、グローバル・ヒストリーの方法は小さなつながりの積み重ねが少しずつ大きな変貌をもたらすプロセスを示唆的に描き、研究方法として国家史の枠組みに束縛されないからこそ国家間の外交に直接関わらない物事が見えて来て歴史研究の対象となるものであることを指摘する。時代区分が継ぎ合わされた通史的展望でなく、むしろ、大きな歴史、すなわち「時」と「空間」のなかに人間とその生きた社会のありかたを明らかにしていくことが必要なのであろう。それを本企画では、「連続する歴史」という視点から今日の前提となるグローバルな構成の端緒のなかに探る。

（全文は本書所収／構成・編集部）

（なみかわ・けんじ／筑波大学教授）
（ふるいえ・しんぺい／筑波大学教授）

# 別冊『環』㉓ 江戸―明治　連続する歴史

責任編集＝浪川健治　古家信平

図表・写真多数　菊大判　三三六頁　三八〇〇円

〈序〉「連続する「時間」と「空間」からの日本史」　浪川健治　古家信平

## I　考える――学問と知識人

「グローバル・ヒストリーのなかの近世日本」　デビッド・ハウエル
「琉球王府の外交官と異国船」　武井基晃
「十八世紀末の儒学受容と世界認識」　吉村雅美
「知の歴史学と近代世界の誕生」　ショーン・ハンスン
「物産開発を支えた技術理念――大島高任の軌跡」　岩本和恵
「「邦楽」と「洋楽」――二つの音楽世界に生きた人々」　北原かな子
「地域名称「満洲」の起源――江戸時代知識人の空間認識の展開」　楠木賢道

〈コラム〉北原かな子「「歌」を歌えなかった明治の日本人」／武井基晃「琉球時代から近・現代の孔子廟の履歴」／楠木賢道「奇兵隊が奪った小倉藩の蔵書『七経孟子考文補遺』」

## II　暮らす――地域と暮らし

「沖縄の南北格差――辺野古の苦悩」　古家信平
「九州の遊郭拡大を支えたもの――軍隊・炭坑・港湾」　宮内貴久
「馬鈴薯の十九世紀」　清水克志
「下野国思川水系・流域の生業世界」　平野哲也
「近代沖縄における網と豚の資本主義――明治期にみる漁業経営の変容と民俗文化」　及川　高
「沖縄における豚便所の民俗とその廃止」　萩原左人
「商店街前夜――買い物空間の創出と商店主たちの連帯」　塚原伸治

〈コラム〉宮内貴久「江戸名工に連なる奥会津の大工」／清水克志「戦前期日本一のキャベツ産地・岩手の形成に果たした盛岡近郊の人々の役割」／塚原伸治「現代の近江商人」

## III　変わる――社会と人間

「重なり合う「内憂」と「外患」」　浪川健治
「由緒――語られる「家」の歴史」　根本みなみ
「士族というあり方――地域指導者の自己意識」　山下須美礼
「身分意識の高揚と民俗社会――西南戦争下の阿蘇谷の打ち毀し」　柏木亨介
「祭礼（たち）の明治維新」　中里亮平
「韓国の祖先祭祀を通してみる歴史と現在の関係」　神谷智昭

〈コラム〉山下須美礼「東北の東方正教」／中里亮平「祭礼からみる歴史、時代と「例年通り」」／柏木亨介「ハンセン病施策の近代」

〈付〉関連年表

世界的免疫学者の全貌を示すコレクション、ついに完結！

# 多田富雄さんとの出会い

――『多田富雄コレクション』第5巻に寄せて――

養老孟司

## 個人的に率直な話ができた人

多田さんは千葉大学から東大医学部に赴任して来られた。私が教授に就任した後は、同僚ということになったが、年齢では三年ほど先輩になる。じつは多田さんと書くと、心理的にやや抵抗がある。私の世代で三年違うと、ずいぶん違う感じがするからである。でも多田先生と書くと、もっと抵抗がある。仕方がないから多田さん。

多田さんが東大におられたときに、免疫学の研究室は医学部本館の右翼にあった。赤門から見て正面の建物だが、中央は事務部で、赤門に向かって建物の右翼が免疫学と法医学、左翼が病理学と解剖学だった。解剖、病理、法医は、いずれも人体の解剖に関係する教室である。解剖関係の建物なのに、なぜ多田さんの免疫学がそこに混ざっているのか。

じつは多田さんが教授として赴任してきたときの講座の名称は、免疫学ではなく、血清学だった。血清学講座は長く緒方富雄先生が主任で、私も学生の時に講義を受けている。緒方先生は幕末の著名な医師、緒方洪庵の曾孫だった。多田さんは東大着任後に講座名を変更しようとするが、この手続きが厄介で、のちに私にこぼしたことがある。確か二年くらいかかったはずである。

私の部屋から建物の反対側に行くと、すぐに多田さんの教授室に行ける。現役中には時々行って、四方山話をしたことがある。多田さんの部屋に行くと、お酒をふるまってもらえたのである。

多田さんが定年を迎えた年に、たまたま私も東大を辞した。私は定年の三年前に辞めたから、そういう計算になる。辞めてから、雑誌の座談会などを含めて、お付き合いがかえって多くなった。そんな気もする。現職は忙しいので、お互いに時間がなかったこともあると思う。もう一つ、変な共通点があった。それは二人とも、それぞれの事情で、東大の現役時代は必ずしもハッピーではなかったことである。世界的な研究者として立っておられた多田さんと、いい加減に過ごしてきた私とを一緒にしては申し訳ない気もするが、じつは教授室に行って個人的に率直な話ができたのは、解剖学の同僚を除けば、ほとんど多田さんだけだった。

## 真の教養人、多田さん

　初めてお会いしたころ、鼓を習った話を繰り返し聞いたことがある。高校生の頃から鼓を練習して、月に一度とか、ふた月に一度とか、師匠のところに行く。

▲東大の教授室にて（1994年）

師匠の前で鼓を打ってみせるが、その都度ただ「ダメ」と言われる。それがもはや習慣になってしまったころ、だしぬけに「ヨシ」と言われたというのである。

　これはじつは私も経験したことがない。でもそうした話を聞く耳を、やっと私が手に入れたころ、多田さんの話を聞いた。だからいまでも強く印象に残っている。日本人はある意味で個人主義が強い。でも戦後はほとんど誰もそう思っていなかった。英国の学者が日本にやって来て、今西進化論に対する日本人学者の意見を調べていったことがある。「日本人は集団主義者だと信じていたが、それぞれがこれほど勝手なことを言う人たちだとは、まったく思っていなかった」。それが彼の結論だった。

　私が多田さんに出会ったのは、じつは遅すぎたような気がする。もう少し早く出会う機会があれば、自分がもう少し早くものを理解したのではなかろうかと思う。だから若い人にこの作品集を読んでもらいたいのである。古典芸能のことも、自分でそれを多少とも理解するようになったのは、中年を過ぎたころだった。

　他人のせいにするわけではない。しかし戦後の日本社会の雰囲気では、古典芸能など、ほとんど時代遅れの産物だった。そうしたものに触れる機会も、ほとんどなかった。でも真の普遍性に時代遅れなどない。いわゆるグローバル化、国際化が普遍性なのではない。人間の本性に基づくもの、それが普遍なのである。多田さんはそれをよく理解し、しかもそれを身に着けていた。その意味で多田さんは真の教養人だったと思う。

（構成・編集部。全文は本書所収）

（ようろう・たけし／東京大学名誉教授）

「寛容」という最期の言葉に託された、希望のありかとは？

# 多田富雄の「寛容」に学ぶ

最相葉月

## 「寛容」と「不寛容」のあいだ

多田の生涯の研究テーマであった免疫学にも、「寛容」という言葉がある。免疫は自己と非自己を厳しく選別する「不寛容」なシステムだが、すべて「不寛容」で成り立っているわけではない。まず自己に対しては「寛容」でなければならず、それが支障をきたせば重大な自己免疫疾患を発症する。

では、非自己に対してはすべて「不寛容」なのか、といえばこれも違う。たとえば、赤ん坊の頃から猫と一緒に育つと、将来猫アレルギーにならない。中国の漆職人は、子どもの頃から少しずつ漆を飲まされるのでかぶれないという。異物であっても反応が起こらない。これらは生まれてまもなく異物の抗原が入ることによる「寛容」だ。

これ以外にも、抗原がごく微量か大量である時や、抗原を口から入れた時には、非自己として反応する細胞を胸腺で殺し、遺伝子の働きを抑制し、攻撃を無力化したり抑制したりする。つまり、非自己と遭遇しても、全部が全部「不寛容」になるわけではない。免疫細胞の一つ、T細胞には、異物が入ってきたときに抗体をつくるのを助ける役や、異物を攻撃するアクセル役、ブレーキ役などがあり、これらがバランスを保って暴走を防いでいる。このうちブレーキ役を務めるサプレッサーT細胞（抑制性T細胞）を発表したのが多田だった。一九七一年の第一回国際免疫学会でのことである。

## 「寛容」から考える人類史

多田が先生役、南伸坊が生徒役となって免疫の世界をわかりやすく解説した『免疫学個人授業』（新潮社）という本がある。この中で、二人は難解な免疫抑制という概念について語り合っている。そこに、興味深い指摘がある。免疫システムの知恵を民族紛争のように「不寛容」な反応の解決に生かせないものかというのだ。多田の言葉を引用する。

免疫系が、あんなに不寛容に他を区別して自己を守る原理は、最近の民族紛争や貿易摩擦に見られる苛酷なまでの排除の論理に似ているし、その原理を知ることは、逆に和解と寛容の道を探るヒントを与えるかもしれません。いまの政治の論理にはそれがないのですから。また、物価上昇や犯罪増加に対する「馴れ」も、ひと皮むけば強力な抵抗力の裏返しです。そのかくされた力をもう一度掘り返すにはどうしたらよいか。それもまた免疫を学びながら考えるべきことの一つのように思います。（同前）

▲多田富雄（1934-2010）

地球上で、人間ほど大量虐殺を繰り返してきた動物はいない。ここで多田が具体策を示しているわけではないが、生物学的な角度から人間の本質を読み解こうとする態度は、のちに『銃・病原菌・鉄』でピュリツァー賞を受賞する進化生物学者のジャレド・ダイアモンドにも通ずる視点であろう。

南伸坊との対談から二十数年が経ち、生命はより複雑かつ無差別的な危機に晒されている。なぜ人は憎み合い、殺し合うのか。それを知る手がかりを免疫システムに探すという多田の卓見に、今一度耳を傾けたい。

（構成・編集部。全文は本書所収）

（さいしょう・はづき／ノンフィクションライター）

「内村さんのような人が明治に産出したことは明治の光だと思う。」（徳富蘇峰）

# 明治の光・内村鑑三

新保祐司

## 今日こそ蘇るべき内村鑑三の言葉

明治百五十年を迎えるに際して、私は日本人の精神の深奥に内村鑑三という「明治の光」が届くことを心より願う。表層の華やかさがもてはやされた時代もあったが、ついに日本人も精神の深奥の問題にぶつかってきたからである。

内村鑑三の著作が明治の古臭い作品として遇されてしまうとしたらとても残念なことであるが、また一方「明治の古典」として整理されてしまってはならないと思う。内村鑑三の言葉が、今日の言葉として蘇り、今日の日本人の精神に迫ってくることを祈念している。

今年の十月に「文春学藝ライブラリー」の一冊として刊行された『内村鑑三』は、平成二年（一九九〇）の五月に上梓したもので、もう四半世紀以上前のことになる。内村鑑三の代表作『ロマ書の研究』の創元文庫版に、神田神保町の古書店で邂逅したのが、昭和六十一年（一九八六）の秋のことで、私は三十三歳になっていた。かつてボードレールが、ヴァーグナーの音楽を聴いて「一つの精神的手術、啓示を受けた」と告白したが、私も『内村鑑三』を書いていく中で、同じような経験をしたように回想されるのである。

『内村鑑三』で出発してから、これまで十五冊以上の著作を刊行して来た。扱った批評の対象は様々に見えるけれども、そのライトモチーフは、内村鑑三であった。それらの本の中に、内村鑑三の名前や文章は、よく引用されているし、表面的に出てこないとしても、底流として内村鑑三の精神が貫いているのである。『内村鑑三』の次に多くの読者に恵まれた『信時潔』にしても、信時潔の実父の吉岡弘毅が、鑑三と深い交友関係にあり、信時潔が少年の頃、鑑三に会っていたであろうという推測が成り立つことが信時潔に対する関心の原動力の大きな一つであったのである。

平成二十三年（二〇一一）は、内村鑑三生誕百五十年にあたっていた。この年には、これを記念して『別冊環⑱ 内村鑑三 1861-1930』（藤原書店）を編集した。この本は、帯に「近代日本の根源的批判者」とあるように、近代日本に対する表層的な批判が多く見られる中で、最も根源的な批判をした人としての内村鑑三をとらえようとしたものであった。

## 「美」より「義」を重んじた内村鑑三

本書は、『内村鑑三』上梓後の諸著作に収めていなかった、内村鑑三を主題として取り扱ったものを纏めたものである。

▲内村鑑三（1861–1930）

ここに、内村鑑三の磁場が強烈に立ち上がっているであろう。この磁場は、磁力が強く、極めて広く及んでいたのである。富岡鉄斎、宮沢賢治、さらには大佛次郎、山田風太郎まで出てくれば、その一端が知れるであろう。

「美」よりも「義」を重んじた内村鑑三は、あまり美術について触れていないが、レンブラントは「特愛」の画家であった。レンブラントが、富岡鉄斎と同じく「義」の画家であったからであろう。この内村鑑三という「明治の光」によって、日本の精神的風景が、単に暗い絵でもなく、表面的に明るい画でもなく、彫の深いものになることを強く願う。別の言い方をすれば、精神の垂直性に貫かれることである。この「明治の光」は、レンブラントの光のように、上方から差すものだからである。

（構成・編集部／本書より）

（しんぽ・ゆうじ／文芸批評家）

# 明治の光・内村鑑三

新保祐司

四六上製　三九二頁　三六〇〇円

■好評既刊

## 別冊『環』⑱ 内村鑑三【1861-1930】

新保祐司編

日本の近代の軽薄さを根源から批判し、逆説的に日本人の精神的支柱となった巨人の全貌。〈寄稿〉山折哲雄、渡辺京二、新井明、鈴木範久、田尻祐一郎、鶴見太郎、猪木武徳、住谷一彦、松尾尊兊、春山明哲ほか。　三八〇〇円

## 異形の明治

新保祐司

「理想」に撼まれ、「絶対」に貫かれた、「化物」たちの時代――山田風太郎、服部之総、池辺三山、清沢洌、尾佐竹猛、吉野作造、福本日南らの「歴史の活眼」を導きとして、明治という国家が、まだ骨格を固める以前の近代日本の草創期に、国家への純粋な希求に突き動かされた人々の、「明治初年の精神」に迫る。　二四〇〇円

アメリカで一九七〇年に出版され反響を呼んだ幻の書が、現代中国での〝リベラリズム運動〟に再燃。

# 中国で今甦る胡適とは何者か

ジェローム・B・グリーダー

本書は胡適（一八九一—一九六二）の思想についての研究である。また近代世界に対して中国が思想的に応答しようとするためにかれが行なった努力についての研究である。

わたしが初めて胡適を見たのは、一九五五年の春だった。そのときかれはハーバード大学の東アジア地域研究プログラムの会合で講演をしていた。かれの演題は「現代中国の思想革命」というものだった。それは、未熟な大学院生だったわたしでさえ、その問題の重要性を知っていたものだったし、かれが論じようとした歴史において胡博士が特別な地位を占めていたことも良く知っていた。

わたしは、この研究は単に胡適をかれの批判者から、少なくとも共産中国のすべての批判者——かれらの考えは一九五〇年代半ばに沢山出版されたが、それは本書の付録に入れておいた——から守ることを意図しただけのものではない、ということを付け加えておかねばならない。胡適の思想はそれ自身の権威によって注目に値するものである。そしてその評価こそが、わたしがここでかれの思想に表そうとしたものなのである。

胡適は学者であった。教育活動とその仕事からすると、哲学者、より正確に言えば哲学史研究者で、そして余技から見ると中国文学史の研究家であった。しかしかれはまた幅広い関心を持った人で、かれの生きた時代の生きた問題について自分の考えを持った人だった。

本書は胡適の学術についての本ではない。わたしはかれが現代世界とその中における中国の位置について、同時代の意見をどのようにして創り出そうとしたのか、そのやり方の価値を見極めようと思ったのである。わたしの狙いは、一九二〇—一九三〇年代に中国人たちの前に立ちはだかった大きな社会的、政治的、思想的な問題についての胡適の考えの経歴を示し、そして人間がその環境・その文化ととり結ぶ関係について、歴史と文化の転換の性質について、中国がそれに参入するよう強制された新時代における中国の運命について、かれはなぜあのように語ったのかを理解しようとすることだった。

胡適は、敵人によって、つねに「リベラルな」観点だと性格づけられた見解を発表した。

胡適の主張はかれ自身のものだった。かれの見解はしばしばその名が本書に表われる人々の考えと一致し、かれらに影響を与えたようだ。だから、中国リベラリストを一つのグループとして語ることがしばしば自然なことになるのである。とくに一九二〇年代以後、胡適が思想的な仲間意識を持った人々の大部分は、かれと同じような経験と職業を持った人々だった。多くは教師、学者、あるいは政治評論家だった。かれらは洗練された思想家で、文字が読めて、感化されやすく、考えをはっきり述べられる中学や大学の学生たちに向かって話しかけた。

この物語が開かれるにつれて、わたしたちは、現代のリベラリズムの核心に近いところに存在している多くの価値に対して敏感で、それを理解している精神に向かい合っているのであり、そしてわたしたちは、理想を倦むことなく独創的な思想に富んで語る一人の人物と一緒にいるのだ、ということが明らかになるだろう。それは全体として悲しい物語である。それは部分的には、二十世紀前半の中国の歴史のより大きな悲劇によって充満させられているからである。アレクサンドル・ゲルツェンが一世紀以上も前に書いたように、「理性はつねに屈しなければならないだろう。理性はつねに重視されないであろう。それは北極光オーロラのように広い範囲を照らすが、それ自身としてはほとんど存在しないのだ。理性は最後の努力である。進歩がめったに到達することが出来ない頂上である。だから力強いのだが、拳には耐えられないものなのだ。」という理由からである。

佐藤公彦訳（後略　構成・編集部）

（Jerome B. Grieder／東アジア研究）

▲胡適
（1891-1962）

未刊詩集『日本風土記II』が、「復元詩集」としていよいよ刊行！

# 立ち消えになった『日本風土記II』のいきさつ

金時鐘

## 原稿の散逸

この度復元される『日本風土記II』は、私の第三詩集になる予定だった作品です。第二詩集『日本風土記』のときも国文社への口利きをしてくれたのは黒田喜夫さんでしたが、そのつづきのような『II』の出版も黒田さんが『現代詩』編集長だった関根弘さんまで動かして、飯塚書店に出版の渡りをつけてくれた詩集でした。日本に来てまだ十年ほどしか過ごしてない私には、それこそ身に余る望外の出版社でした。

もちろん原稿は早速整理して入稿しました。ところがやはりと言いましょうか。案じていたことが案じていたとおりのトラブルとなって現出しました。『チンダレ』批判（あとで説明します）の余燼がまだくすぶっているさ中の『II』の出版でしたので、朝鮮総連大阪府本部組織部からまず中央常任委員会の「批准」（組織用語で審査のことです）を受けよ、とのお達しが直接私にかかってきたのです。飯塚書店の方へも〝日朝親善に悖《もと》る〟との出版中止の要請が、朝鮮総連から電話で届いていました。

私は悔しい思いを押し殺して詩集出版を断念し、版元も黒田さんらも当時広く行き渡っていた北朝鮮への共感をおもんぱかって、『II』の出版は無かったことに収まりをつけました。実を言いますと私は私で朝鮮総連への気遣いがあって、『日本風土記II』に決めていたのでした。そのときすでに長篇詩集『新潟』は書き上がっていましたが、それを引っこめてまで在日論議とは関わりがない感じの『II』にわざわざしぼったのです。その気遣いが却って仇《あだ》になったような迷惑を、日本の友人たちにまで及ぼしてしまいました。出戻った原稿は見る気もしないまま度重なる引越しで散逸してしまい、いかに生きればいいのかと、混迷はさらに酒とともに深まるばかりでした。

## 当時の私の状況

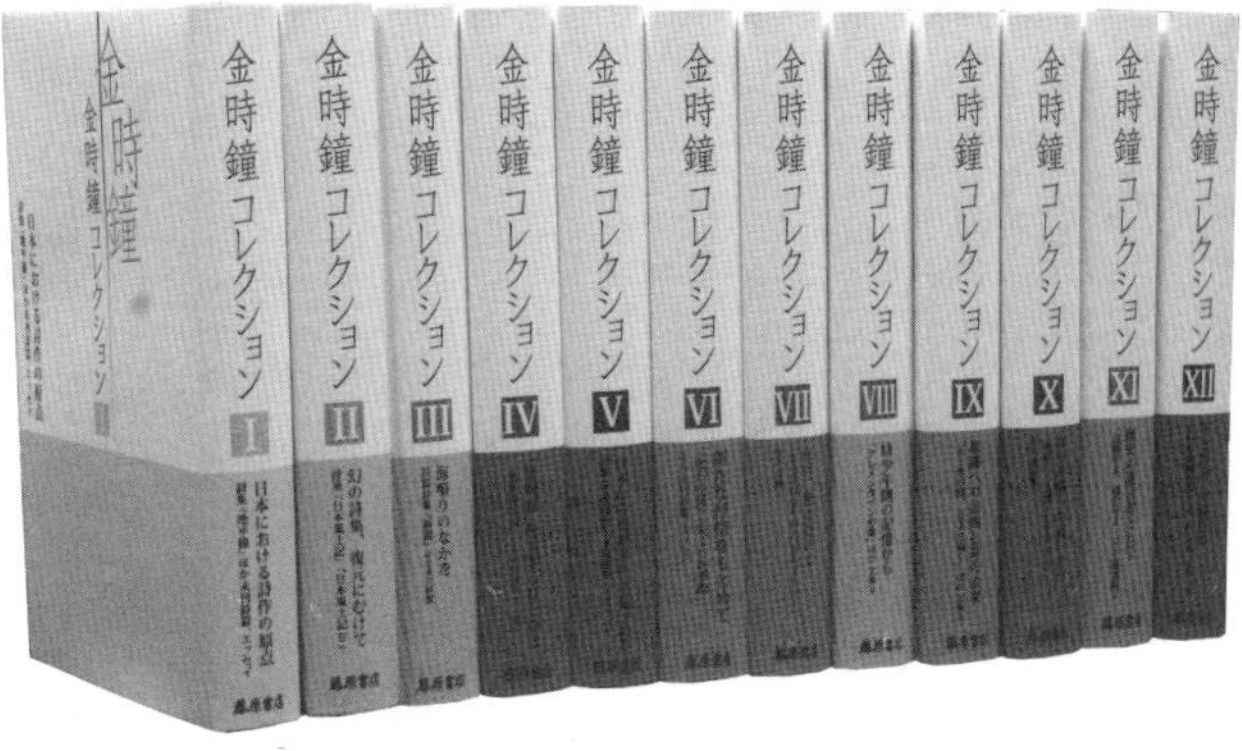


では『ヂンダレ』批判」に見るような当時の私の置かれた政治的組織的状況と、『日本風土記Ⅱ』が立ち消えになったいきさつをかいつまんで話すとします。

私の第一詩集『地平線』は一九五五年十二月に刊行されましたが、同じ年の五月、在日朝鮮人運動もそれまでの民戦（在日朝鮮統一民主戦線）から朝鮮総連（在日本朝鮮人総連合会）へと、組織体が成り変わっていました。まるで中央本部内の宮廷劇のような、ある日突然の運動路線の転換でありました。

朝鮮民主主義人民共和国の直接の指導下に入ったという朝鮮総連の組織的権威は、祖国北朝鮮の国家威信を笠に辺りを払わんばかりに高められていきました。「民族的主体性」なるものがにわかに強調されだして、神格化される金日成元帥さまの「唯一思想体系」の下地均らしに、「主体性確立」が行動原理さながらに叫ばれだしたのです。組織構造が北朝鮮そのままに改編され、日常の活動様式までがこの日本で型どおりに要求されだしました。民族教育はもちろんのこと、創作表現行為のすべてにわたって、認識の同一化が共和国公民として図られていきました。私はそれを「意識の定型化」と看て取りました。

在日世代の独自性を意に介さないどころか、問答無用に払いのけていく朝鮮総連のこのような権威主義、政治主義、画一主義に対して、私は「盲と蛇の押し問答」という論稿でもって異を唱えました。一九五七年七月発行の『ヂンダレ』一八号に載ったエッセーです。蜂の巣をつついたような騒ぎになり、私はいきおい反組織分子、民族虚無主義者の見本に仕立てられていって、総連組織挙げての指弾にさらされるようになりました。ついには北朝鮮の作家同盟からも長文の厳しい批判文「生活と独断」が『文学新聞』に掲載され、金時鐘は「白菜畑のモグラ」と規定されました。即ち排除されなければならない者として批判されたのでした。もちろん日本でも、総連中央機関紙『朝鮮民報』に三回にわたって転載されました。これで私の表現行為の一切が封じられました。『ヂンダレ』ももちろん廃刊となり、会員たちも四散しました。

思想悪のサンプルとなった私は逼塞を余儀なくされていましたが、ほどなくして始まった北朝鮮への煽られるような「帰国事業」熱の隙間を衝いて、私の第二詩集『日本風土記』は前述のように刊行されました。「組織」を見返したい私の、意地の突っ張りでもあった出版でした。立ち消えになった『日本風土記Ⅱ』の結末は、そのような私への組織的見せしめの処置であったことは明らかでした。

それにしてもよくもまあ、奇特なことが起きるものです。立ち消えになったあげく原稿まで散逸してしまった『日本風土記Ⅱ』の作品の数かずが、半世紀以上も経って新たに拾われてこようとは、どこの誰が思い見ることでありましょう。大阪大学教授の宇野田尚哉さん、在日文学研究家の浅見洋子さん、詩人で京都大学教授の細見和之さん、各氏による作品の再生でした。いかにインターネットの時代とはいえ、それこそ堆《うずたか》い藁山から針一本一本を探しだしたような、途方もない労力の消費であったことでしょう。しんそこ佳き友に恵まれている私であります。消え失せたはずの第三詩集を、お届けできてしあわせです。

（全文は第二巻所収）

（キム・シジョン／詩人）

日本の詩壇と一線を画し、戦後を代表する在日の詩人であり思想家。

# 金時鐘コレクション

全12巻　**内容見本呈**

推薦　高銀　鶴見俊輔　吉増剛造　金石範　辻井喬
佐伯一麦　四方田犬彦　鵜飼哲

2018年１月発刊／隔月配本　予各本体2800円平均
四六変上製カバー装　各300～500頁
各巻に**書下ろし「解説」「あとがき」**収録／**月報付**

1 **日本における詩作の原点**　解説・佐川亜紀
——詩集『地平線』ほか未刊詩篇、エッセイ　（第3回配本）

2 **幻の詩集、復元にむけて**　解説・宇野田尚哉、浅見洋子
——詩集『日本風土記』『日本風土記Ⅱ』　（第1回配本）

3 **海鳴りのなかを**——長篇詩集『新潟』ほか未刊詩篇
解説・吉増剛造

4 **「猪飼野」を生きるひとびと**　解説・冨山一郎
——『猪飼野詩集』ほか未刊詩篇、エッセイ

5 **日本から光州事件を見つめる**　解説・細見和之
——詩集『光州詩片』『季期陰象』ほかエッセイ

6 **新たな抒情をもとめて**　解説・鵜飼 哲
——『化石の夏』『失くした季節』ほか未刊詩篇、エッセイ

7 **在日二世にむけて**　解説・四方田犬彦
——「さらされるものと、さらすものと」ほか　文集Ⅰ

8 **幼少年期の記憶から**　解説・金石範
——「クレメンタインの歌」ほか　文集Ⅱ　（第2回配本）

9 **故郷への訪問と詩の未来**
——「五十年の時、月より遠く」ほか　文集Ⅲ

10 **真の連帯への問いかけ**　解説・中村一成
——「朝鮮人の人間としての復元」ほか　講演集Ⅰ

11 **歴史の証言者として**
——「記憶せよ、和合せよ」ほか　講演集Ⅱ

12 **人と作品　金時鐘論**——在日の軌跡をたどる

リレー連載　近代日本を作った100人　45

# 長谷川時雨——女性文学のパイオニア

尾形明子

## 女性の連携で社会を変える

「水無月とは瑞々しくも晴朗な空ではないか。いたるところに生々の気はみちみなぎつてゐる。だがなんと、いま全世界で、この日本の女性ほど健かにめざましい生育をとげつゝあるものがあらうか？　初夏のあした、ぼつぱいと潮がおしあげてくるやうに、おさへきれない若々しい力をためさうとしてゐる同性のうめきを聞くと、なみだぐましい湧躍を感じないではゐられない。あたしもその潮にをどりこみ、波の起伏に動きたいと祈る」

一九二八年七月創刊された『女人芸術』の編集後記に、四十九歳の長谷川時雨は書く。明治から大正にかけて、日本最初の女性歌舞伎作家として、坪内逍遥につぐ歌舞伎改良運動の中心として、さらには、上古から明治期にいたる女性像をとりあげ、女性史の先駆ともいうべき「美人伝」の作家として、知られていた。

関東大震災の復興は、時雨の生まれ育った日本橋を変貌させ、大正期から続く農村の疲弊は極限にまで至った。昭和金融恐慌のまっさなかでもあった。世界大戦に向けて、時代が加速をつけて動き出している中での『女人芸術』刊行だった。資金は時雨の一二歳年下の夫三上於菟吉が負担した。流行作家として活躍する三上は、円本ブームにのって得た印税を、時雨に差しだしたのだった。

「新人女性作家・評論家の発掘育成、全《オール》女性の連携」を目指し、かつて賛助員としてかかわった『青鞜』の後継誌として、さらに総合文芸誌として、女性たちの〈場〉をつくることが時雨の夢だった。血縁、地縁、学閥に守られ育てられた男性作家に比して、「女性作家は生花のねじめ、剣山を隠す下草のような存在。上にのびようとしたら、切られた」（円地文子）時代だった。女性に理不尽な生を強いる社会のありようを、女性が連携することによって変えていくことを、時雨は思う。

「学問すると生意気になるから」と本を読むことを母親に禁じられ、十四歳で御殿女中に出され、十八歳で政略結婚の犠牲になった自分の過去を時雨は思う。時雨はひたすら書くことを通して、自分の人生を切り拓いた。

林芙美子が「放浪記」を二〇回にわたって連載、円地文子、尾崎翠、大田洋子、矢田津世子、大谷藤子、若林つや、横田文子、平林英子、松田解子らが、次々と文壇に登場した。同時に、平林たい子、窪川（佐多）稲子、与謝野晶子、生田花世、今井邦子、岡本かの子、三宅やす子、中條百合子、宇野千代ら、中堅作家、大家と言われた作家にも誌面を提供し、全女性作家の結集の場となった。時雨自身も「旧聞日本橋」を連載している。昭和の女性文学は、まさにこの『女人芸術』から出発していった。

## 「昭和に時雨あり」

しかしながらじっくりと文学を開花させるには、あわただしい時代の流れだった。一九三二年六月、五巻六号四八冊をもって『女人芸術』は廃刊となる。時雨の病気と資金難が直接の原因だったが、あまりの左傾化に国士をもって任じていた三上於菟吉が援助を拒んだ。一年後の一九三三年四月、時雨は四頁からなるリーフレット『輝ク』を創刊する。一九四一年八月の時雨急逝によって一〇三号で終ったが、全女性の連携を目指した時雨の願いの結晶だった。

吉川英治は弔辞に、「明治に一葉あり、昭和に時雨あり、と後の文学史は銘記しませう」と認めた。さまざまな試みがなされながらも、依然として鷗外・漱石を頂点としたピラミッド型の日本文学史に、時雨再評価こそが、地殻変動を起すことになるのではないか。それは当然、近代女性史のみならず、近代史にも波及していくことになる、と確信する。

（おがた・あきこ／近代日本文学研究家）

▲長谷川時雨（1879-1941）
日本で最初の免許代言人（弁護士）長谷川深造の長女として、日本橋に生まれる。私塾秋山源泉学校に学ぶ。14歳から3年間、旧岡山藩主池田侯邸に行儀見習いに出される。その間、佐佐木信綱主宰の竹柏園に入門。18歳で結婚させられるが、創作への思いを深め、1901（明治34）年11月『女学世界』に投稿した「うづみ火」が入選。『読売新聞』の懸賞脚本に応募した「海潮音」が特選となった。「花王丸」「さくら吹雪」等々、次々と歌舞伎座で上演。1905年尾上菊五郎らと「狂言座」を旗揚げし、演劇雑誌『シバヰ』を創刊した。同時に古今の美人伝を執筆し『近代美人伝』等7冊にまとめた。1923年7、8月岡田八千代と『前期・女人芸術』刊行。1928年7月—32年6月『女人芸術』を刊行。33年4月—41年11月『輝ク』を発刊。『長谷川時雨全集』全5巻がある。

連載　今、世界は（第Ⅳ期）8

# 中華帝国と旭日帝国

平川祐弘

中国内には自国を客観視できる人が存外少ない。劉明福大佐の『中国夢』（中国友誼出版、二〇一〇年）は、世界で中国のみが歴史的に汚点のない「没有原罪的国家」で、天下に王道を広める資格ありと主張し、評判だ。経済大国として自信を回復した中国は、中国こそポスト米国時代の覇権国だと言う。夜郎自大に聞こえるが、この華夷秩序の再建の夢こそ習近平の「中国の夢」である。

夷国である小日本（シャオリーベン）を軽んずるのは当然で、富裕層は「我々中国人の方が金持だ」とブランド品を買いまくる。ただしmade in Chinaよりmade in Japanの方が質は上とは承知している。人民解放軍は「我々の方が飛行機もミサイルも核弾頭も多く、サイバー攻撃も強い」と豪語する。ただし米日は同盟国とは承知している。

来日経験のある華人は北京のメディアや教科書が言うほど日本を悪く思わないようだが、ただそれを公然と口にしない。日本に友好的なそぶり一つで政治家は失脚しかねない。言論不自由の国だが日本の悪口を言う自由はある。となれば日本非難に肩入れする方が無難だ。

だが大陸全土をあげて日本を小馬鹿にし「東洋鬼子（ドンヤングイズ）」と騒ぎだすと面倒だ。なにせ愛国無罪が罷り通る、法治のない国だ、邦人大屠殺をやりかねない。虐殺を正当化されてはたまらない。以前は日中間で事が起きると、悪いのは日本と世界に喧伝した。

近頃はさすがに様変わりし始めた。中日双方に対し公平な、ドレイヤー『中華帝国と旭日帝国』などの学術書も世に出る。June Teufel Dreyer, *Middle Kingdom and Empire of the Rising Sun*, Oxford U.P. 2016は両国関係の歴史を展望した快著で、学問的権威がある。台湾もきちんと視野に入れてある。だが米国にもプロ・チャイナもいる。チャイナ・スクールもいる。そんな親中派の中でドレイヤー女史のように米中日の三点測量がきちんとできる学者は、まだ少数派なのではあるまいか。

（ひらかわ・すけひろ／東京大学名誉教授）

## ■〈連載〉沖縄からの声　［第Ⅲ期］9

# 空手

作家　大城立裕《おおしろたつひろ》

　俗説かどうか、空手《からて》の発祥は十五世紀に尚真王が琉球全国を統一したとき、内乱を防ぐために、全国から武器を廃止したのち、自衛のために開発されたともいう。

　が、今日専門家はそれを言わない。空手を自衛の武器としてより、肉体と精神の訓練のためと考えるからだろう。

　中国から拳法が導入されて開発されたという説は、その名称を古くは唐手《とうでぃー》と言い、武器にサイ、ヌンチャクという意味難解なものがあることでも知られよう。

　もと、武器のかわりに戦う肉体の技術であったには違いないが、あるいはそのためにこそ時代が下るにつれて、基本には精神を養い礼儀を鍛え、倫理の基本にのっとることを鍛えられるようになった。

　近代以降、空手という表記が発明されたことにも表れているし、また方言ではたんに「手《てぃー》」と呼ぶ慣例もあることからも知られる。「一撃必殺」とは言うが、究極には「空手に先手なし」（船越義珍《ふなこしぎちん》）、「人に打たれず、人を打たず、すべて事なきを基とする」（宮城長順《みやぎちょうじゅん》）などという先人の言葉もあり、「和の武道」などと言われる。

　琉球で発祥した空手が、今日、国境をこえて世界的な武道として普及、発展してきた。いま、一八〇カ国以上、ほぼ六千万人もの空手愛好家がいると言われる。

　沖縄県では、空手を「道」として世界によりひろく深く、正しく普及せしめるために、会館の建設を企て、豊見城《とみぐすく》城址公園跡地を立地に、二〇一二年に着工して五年、総事業費約六五億円をかけて建設した。「沖縄空手会館」としている。約四ヘクタールの敷地に、四面の競技コートや鍛錬室、研修室などを有する道場施設、伝統空手、古武道に関する理解を深めるための展示のほか、古来の伝統的な赤瓦屋根を持った特別道場もある。

　沖縄空手会館には、究極の平和、正義の象徴としての空手発祥の地である沖縄の誇りがきざまれていると言ってよい。

　日常的な情報の収集、発信のほか、競技、学習の場をも提供し、究極には空手を通じて、沖縄の誇りを発信し、世界平和の源の一つとなることを目指している。全国規模の名所になり得よう。

Le Monde

■連載・『ル・モンド』から世界を読む［第Ⅱ期］16

# フランス語は男尊女卑？

加藤晴久

フランスの首相府に直属する「女性男性間の平等推進高等審議会」le Haut Conseil à l'égalité entre les femmes et les hommes が、二〇一五年、「性的ステレオタイプのない公的コミュニケーションのための実践的ガイド」を公表した。

「学生たちはソルボンヌ広場に集結した」という文はこれまでの書き方だと、«Les étudiants se sont rassemblés place de la Sorbonne.» であるが、「ガイド」が勧める書き方だと «Les étudiant.e.s se sont rassemblé.e.s place de la Sorbonne.» となる。男性と女性で綴りが変わる場合、それに伴う代名詞・形容詞・過去分詞などの変化（＝曲用 déclinaison）も含めてすべて明記せよ、というわけである。このような書法を écriture inclusive「包括的書法」という。たしかに、いささかわずらわしい。

この書法に忠実に従って書かれた、小学校三年生用の「歴史・地理」の教科書が出版された。フランスでは言語の問題は、かならず、喧々諤々たる論争を巻き起こす。この教科書の出版後、新聞やテレビ・ラジオ、ネット空間で、アカデミー・フランセーズ会員を代表とする保守派が、純粋なるフランス語の伝統に対する冒瀆だ、ジョージ・オーウェルが『一九八四年』で批判した全体主義言語にひとしい、と騒ぎ立てた（『ル・モンド』一〇月一四日付）。

それにしても、フランス語の性差別 sexisme にはいささか辟易する。courtisan はアンシアン・レジーム時代の「廷臣」だが、その女性形 courtisane は「（高級）娼婦」である。entraîneur は「トレーナー」。サッカーやラグビーチームの「監督」を指すこともあるが、entraîneuse は「（バーやキャバレーの歩合給の）ホステス」。homme facile は「気さくな男」だが、femme facile は「簡単な、つまりすぐなびく女」。homme public は「公人」だが、femme publique は「売笑婦」。un professionnel は「プロ」だが、une professionnelle は「商売女」……（『オプス』誌、一〇月一二日付）。

日本語の名詞には男性／女性の区別はないが、性差別はどのように表れているだろうか？

（かとう・はるひさ／東京大学名誉教授）

■連載・花満径 21

# 草むす屍

中西 進

大伴の言立て「海行かば」が、その背景に仏教をもつらしいと思わせることの一つとして、「水づく屍」や「草むす屍」に見せる濃い仏教色がある。

仏教が説く九つの横死にも、水死や山林の死が数えられているからである。

さまざまな困難を逃れるためにも瑠《る》璃《り》光《こう》如来に供養せよと説く救脱《くだつ》菩薩は、阿難《あなん》に対して、さらに、人間には九つの横死がある、と説く。

この九つの横死とは、病いを治療できずに死ぬこと、処刑の死、快楽にふけった果ての死、そして焼死、水死。また山林で獣に襲われた死、崖から落ちた死、毒死、餓死。

このように仏教があえて数え上げた横死を、「海行かば」は具体的な戦死の例としたのではないだろうか。

この水死に対する山野における横死を、言立てが「草むす屍」としてあげたと思われる。

仏教説話を集めた『日本霊異記』が奈良山の谷あいにあって、髑髏《どくろ》が人や動物に踏まれていたという屍も（上巻第十二）、山野に草むした屍であろう。さる法師はこれを悲しんで、従者をして髑髏を木の上に置かせたという。

しかしこのような幸運を得られない髑髏は、そのまま草むすのにまかせるしかない。

世に有名な小野小町の野ざらしの髑髏は、まさにそれである。

小野小町が老後に零落して地方に余世を養った話の一つとして、小町は陸奥《みちのく》の地で髑髏となり、「秋風のうち吹くごとにあな目あな目小野とはいはじ薄生《すすきお》ひけり」という和歌の上の句を旅人にささやいたとされる。髑髏は目を貫いて草が生えており、風が吹くと眼窩に草が当って、痛いのだという（『無名草子』五二。『古事談』二─二七。小異がある）。

まさに「草むす屍」の実体を説く仏教説話であろう。

大伴の言立ては、こうした仏教が横死の一つとする「草むす屍」をイメージとして作られたのにちがいない。

（なかにし・すすむ／国際日本文化研究センター名誉教授）

〈連載〉生きているを見つめ、生きるを考える ㉝

# 本当の賢さを動物に学ぶ

中村桂子

通勤電車で読んでいる本が面白い。動物たちの賢さの話である。自身をホモ・サピエンス（賢いヒト）と名付けた人間が、賢くないことばかりやっているのに嫌気がさしているので、彼らの賢さに惹かれるのかもしれない。

これまで動物には認知能力はなく、人間は特別と考えるのが科学的であり、帰宅すると玄関で迎えてくれる愛犬に賢さを感じても、気分に過ぎないとされてきた。

その理由の一つは、私たちが人間の尺度ですべての生きものを見てきたからである。ドイツの生物学者ユクスキュルは、動物はそれぞれ特有の世界、つまり環世界を持っていることを示した。ダニは哺乳動物の皮膚が発する酪酸の匂いがすると枝から落ち、温かい血を充分吸い込む。このような環世界の先に認知が見えてくるのである。

そこで、実験条件が重要だ。チンパンジーと自分の子供を一緒に育てて観察した京大の松沢哲郎さんが、チンパンジーだけを親から離しているのはまずいと気づいた。そこで、自然に近い群で暮らす環境をつくり、学びへの意欲を持って実験室にやってくる個体を研究対象としたのだ。その結果が、タッチスクリーンにある数字の大小を瞬時に認識するテストでのみごとな成果である。私も挑戦したが完敗だった。このような認知力は広い森の中で果物などを探すチンパンジーの方が優れているのだ。

本来学ぶ（真似る）ことが大好きな動物たちの気持になって研究するようになって以来、霊長類はもちろんゾウ、イヌ、カラス、タコなどなど、動物たちの賢さが次々と明らかになってきた。

今人間社会で問題になっている公平性を見てみよう。二頭のチンパンジーにキュウリとブドウを与える実験で、キュウリをもらった個体は仲間がブドウを手にしているのを見ると怒る。不公平だというわけだ。ところで自分がブドウをもらった時も異議を申し立てることがある。自分の損得ではなく、公平感からの行動なのである。イヌやカラスでも同じ結果が出た。ホモ・サピエンスの地位は危うい。

（なかむら・けいこ／JT生命誌研究館館長）

連載　国宝『医心方』からみる　9

# 中国の柚《ゆう》と日本の柚《ゆず》について

槇　佐知子

今年も師走。時々刻々、この世の滞在時間が砂時計の砂のように減って行く……なんて、考えてもどうしようもないことはさて置き、柚子風呂に身を委ねて豊かな香りに包まれるいっとき、日本に生まれて良かった、としみじみ思う。

冬至に切り分けて食べたり、吸物の具にする能登の柚餅子《ゆべし》の味もなつかしい。柚餅子は地方によって作り方に特色があり、胡桃《くるみ》や榧《かや》の実を用いる所もあるとか。詰め物は変っても、実を刳《く》り抜いた柚子釜を用いる。

この柚について『医心方』では、

○果実の見事なものに雲霧《うんむ》の柚《ゆう》がある『呂氏春秋《りょししゅんじゅう》』

○胸中の移動性、固定性のしこりや熱、肺気・肝気・胃気が逆上する症状を主治し、飲食物の消化吸収を助け、咳込み、嘔吐を鎮《しず》め、噯《おくび》（ゲップ）を止め、あらゆる泌尿器疾患や霍乱《かくらん》、大小便を泄《も》らすのを治し、寄生虫を除く。長期間摂取していると臭気を消し、霊妙な能力がそなわり、寿命が延びる（『本草』）

●味は酢。皮を食べるが薬の中には入らない（『七巻食経』）

●味は酸。食用にはならず、強いて食べると瘢痕が残る（『孟詵《もうせん》』）

●多食すると病理的な痰《たん》が発生する（『崔禹』）

など、相反する説を載せる。

『中薬大辞典』と『中国本草図録』は柚《ゆう》の起源を東南アジア原産のミカン科常緑高木文旦《ぶんたん》（ザボン）としている。高温多湿の広葉樹林帯産文旦なら、『呂氏《りょし》春秋《しゅんじゅう》』の説に合う。著者の呂不韋《りょふい》は始皇帝の実父説もある紀元前三世紀の人である。

日本の柚（柚子）ミカン科低木 Citrus junos を『中薬大辞典』は香橙《こうとう》、薬名橙《とう》子《し》としている。だが何故か果皮を橙皮と橙子皮に分け、橙皮を香橙の果皮、橙子皮を甜橙《てんとう》の果皮としており、混乱するばかりだ。

文旦も香橙も花・葉・核（たね）にも薬効があることが現在では知られている。効能は大同小異だが香橙の核は成熟した核を晒干し、煎じたり粉末にして三～九グラムを服用、屈伸できない腰痛や血淋（尿血）や諸淋（泌尿器系の疾患）に用いた。

（まき・さちこ／古典医学研究家）

# 十一月新刊

貨幣への際限なき欲望から人間は解放されるのか？

## 資本主義と死の欲動

### フロイトとケインズ

G・ドスタレール＋B・マリス
斉藤日出治訳

エロス（生）とタナトス（死）の欲動の対立、および貨幣への根源的欲望というフロイトの洞察に基づき、経済成長とは「死の欲動」の無限の先送りだと看破したケインズ。二人の時代から半世紀以上を経て、規制を取り払われた経済活動が全地球を覆い尽くした今、資本主義の「自己破壊」と訣別する方途はあるのか？

四六上製　二六四頁　三〇〇〇円

国内外の知人との手紙に体現された「昭和の精神」

## 手紙を通して読む 竹山道雄の世界

口絵4頁

平川祐弘　編著

戦前から戦後を通じて、専制主義を批判し、リベラリズムの筆鋒を貫いた文学者、竹山道雄（一九〇三―八四）。欧州留学時に現地に溶け込んで知り合った市井の人びととの手紙、三谷隆正、安倍能成、長与善郎、渡邊一夫、芳賀徹など、先人から教え子に至るまでの知識人と交わされた手紙から、「昭和」の時代精神を照らし出す。

Ａ５上製　三八四頁　四六〇〇円

ギターひき語り半世紀

## 男のララバイ

### 心ふれあう友へ

原　荘介

〝銀幕の天才〟の**森繁久彌さん**、「月光仮面」の**川内康範さん**、「七人の侍」の**土屋嘉男さん**、「上を向いて歩こう」の**中村八大さん**……大好きだった先輩たちとの出会いと別れ。男、荘介の壮大な……抒情歌。

【特別寄稿・私と子守唄】伊東弘泰／因幡晃／ジュディ・オング／香西かおり／斎藤寿孝／さとう宗幸／三遊亭鳳楽／西舘好子／服部克久／星由里子／森繁建／山谷初男

四六上製　三八四頁　二八〇〇円

世界がすべて海になってしまえば……

## 海　マーレ　mare

武田秀一

強烈な海への憧れから、世界が、自分さえもすべて海になってしまえばと願う著者の私小説的作品。地中海沿岸、イタリア北部の小さな町ラパッロに住み着いた「ぼく」とヨーコ、海（マーレ）、死をめぐる二〇年間のできごと。

四六上製　四九六頁　三二〇〇円

# 読者の声

**名著探訪108■**

▼桑原武夫、竹内好、花田清輝、加藤周一、鶴見俊輔等々、物故者の名をみるのは、ある意味、なつかしさに加え、おのが来し方、そして現在につながる「何か」を改めて感得できた。グッドオールド・デイズの感傷かもしれないが、しかし、それは同時に、「現在」生きていることと物事の「本質」をうかびあがらせてくれる契機でもあった。つまり、現在にも生きている過去の遺産とその共有について、大いに考え、触発してくれた。それは、私にとって、大へんさわやかな読書体験の一つであった。（香川　**西東一夫**　81歳）

**声なき人々の戦後史㊤■**

▼国策や開発、企業活動に名を借りた理不尽な政策に対し、臆することなくたたかった無名の闘士たちのルポに共感しました。貴重な記録というだけでなく、貧困や格差が広がる「現在《いま》を問う」ルポでした。また、当事者の「変節」や「条件闘争」への転換をただ責めるのではなく、そうさせた権力者を憎むくだりは、深く現場を知る鎌田さんならではの表現です。私自身、労働争議で同じような体験をしているので、筆者のやさしさと怒りに共感しました。これから下巻を読みます。（神奈川　**髙畠修**　65歳）

**声なき人々の戦後史㊦■**

▼下巻も読みごたえのあるルポでした。特に国鉄分割民営化は、私自身一全逓労働者として国労の仲間と共にたたかったのですが、改めて怒りがこみあげてきました。

また、狭山、三里塚、沖縄、袴田事件などにもかかわってきましたが、貴重なたたかいの記録なので、若い人に読んでほしいと思います。（神奈川　**髙畠修**　66歳）

**完本　春の城■**

▼九十歳にもなられる石牟礼さんがこの本を出されるなんて信じられません。私の本は一〇冊ぐらい書き、四つを出版しましたが、七十五の今は書くのがきつい。この著者は私の手本中の手本です。民衆を描いてつきないのですね。（神奈川　小説を書きます　**岡木隆敏**　75歳）

**関釜連絡船■**

▼貴社出版物は従前より購入。本書は、傑作。著者に会えなかった事が残念。（東京　**桜庭充**　69歳）

**家族システムの起源Ⅰ　ユーラシア㊦■**

▼家族論、共同体論のラストピースとして、マルクス社会構成体の欠落部を埋める論考となりうる著作ではないかと思いつつ読み進めています。（東京　自由業　**白木克典**　65歳）

**「大正」を読み直す■**

▼氏らしい平易な筆致。そして〝あともう一息分析の深みがほしい！〟と思わせるのもいつもどおり。アンソロジーとしては簡便でよいし、つかい勝手もよいが、彼の魂心の一冊、白鳥の歌的な一冊を、何としてもよみたく思う。そう思わせる一冊。（東京　匿名希望）

**米軍医が見た占領下京都の六〇〇日■**

▼姪夫婦はストックホルムに在住中、二人共敗戦前後に飢えた経験があり思わず二八八頁の軍医の召し上った酒、ステーキ、カリフラワー等のメニューに〝あゝうらやましい〟と嘆声が出たとの由。目的は次頁「ハンセン病の外来治療」を見るつもりだったとか。少し若い世代はカラー写真に目をうばわれた様子。種々の

年代に一九四五年代を教示したと思いました。（兵庫　**戸田暁美**　80歳）

※みなさまのご感想・お便りをお待ちしています。お気軽に小社「読者の声」係まで、お送り下さい。掲載の方には粗品を進呈いたします。

## 書評日誌（九・三〇〜一一・一三）

**書 書評　紹 紹介　記 関連記事　テ テレビ　イ インタビュー**

九・三〇　記LORCジャーナル　地域協働「トリノの奇跡」（矢作弘）

一〇・一　書毎日新聞「完本 春の城」（「『魂の故郷』天草　受苦の歴史」／持田叙子）

一〇・八　紹朝日新聞「多田富雄コレクション」（「情報フォルダー」）

一〇・一〇　書週刊新社会「声なき人々の戦後史」（早川昌二郎）

一〇・一五　紹西日本新聞「新版 凜」

書北海道新聞「多田富雄コレクション３　人間の復権」（「縮減策反対　車いすの闘病記」／浅川澄一）

一〇・一七　書毎日新聞「男らしさの歴史」（「学問の『既知』を破壊する爆弾」／鹿島茂）

記読売新聞「石牟礼道子と出逢う」（都民）

一〇・二一　紹福島民報「福島は、あきらめない」（「県内の本屋さん　今週のいちおし」／「風化を防ぐ県民80人の声」／風間常義（喜多方市松本屋）

一〇・二三　書毎日新聞「改訂を重ねる『ゴドーを待ちながら』」（「リアリズムから現代劇への転換」／渡辺保）

一〇・二六　記東京新聞「海勢頭豊イベント」（「沖縄出身の人が描いた戦争映画」／「ガマの惨劇　知って」／木原育子）

一〇・二七　書週刊読書人「完本 春の城」（「深い情けによる筆」／「今あらためて読まれるべき稀有な傑作」／木村友祐）

一〇・二九　紹山梨日日「完本 春の城」（「近代が掘り崩した魂の力」）

一〇・三一　書週刊エコノミスト（特大号）「新版 凜」（「読書日記」／「道義ない『保守』と『愛国者』　西郷隆盛の夢の続きを」／小林よしのり）

一〇月号　書歴史評論「出雲を原郷とする人たち」（森田喜久男）

一〇月中旬号　紹出版ニュース「叢書アナール」（「叢書『アナール』の完結」）

一一・二　記女性セブン「『医心方』事始」（「皇后美智子さまご愛読　日本最古の医学書『医心方』が記す『女性の悩み』解決法」）

一一・五　紹西日本新聞「完本 春の城」（「郷土の本」）

一一・七　書毎日新聞（夕刊）「いのち愛づる生命誌」（「論の周辺」／「生命論的世界観へ」／大井浩一）

一一・九　記聖教新聞「光り海」（「文化」／「水俣、いのちの岸辺から」／「言葉が存在と等しくなる時」／「人々のかすかな声を刻む」／坂本直充）

一一・一〇　書週刊読書人「日本の科学　近代への道しるべ」（「厳粛重厚な日中医学天文学史」／「その歴史的源流を丹念に探る」／猪野修治）

一一・一三　書西日本新聞「改訂を重ねる『ゴドーを待ちながら』」（梁木靖弘）

一一月号　紹東京新聞「いのち愛づる生命誌」

書看護展望「まごころ」（「こころをみつめるＢＯＯＫ ＧＵＩＤＥ vol.119」／「老い、『若さからの解放』は機嫌のええもんなんです」／皆藤章）

沖縄から平和を訴え続けるミュージシャンの映画とコンサート

## 映画「GAMA——月桃の花」上映・海勢頭豊コンサート

二〇一七年十月二十七日(金)午後四時半〜　於・西荻ターニング

海勢頭豊さんが製作と音楽を担当し、沖縄戦終結五〇周年を記念して一九九六年に公開された映画「GAMA——月桃の花」。現在も全国の学校や教育関連の集まりで上映されている。このたび西荻窪のライブハウスで映画上映と海勢頭さんのコンサートを開催した。

映画は一人の母親の目から見た沖縄戦の悲惨な体験を描いている。藤原社長からの挨拶では、沖縄戦の実相を生涯研究し続け、今年六月に亡くなられた大田昌秀さんとの思い出が語られた。

コンサートではステージ上に三体のジュゴンのぬいぐるみが置かれ、大田昌秀さんの県民葬でも歌われた「月桃」や、「さとうきびの花」「ザンの海」「喜瀬武原」「コザキチロック」、など計五曲が語りを交えて歌われた。海勢頭さんは『卑弥呼コード　龍宮神黙示録』で全国のジュゴン信仰の痕跡を辿りながら沖縄平和思想と古代ヤマトの秘密を解明しているが、そのことも存分に語り明かされた。（記・編集部）

白寿の大田堯さんに、人間とは、いのちとは、教育の原点を学ぶ。

埼玉大学見沼フィールドスタディーズ『大田堯自撰集成』補巻刊行記念

## ちがう・かかわる・かわる——地域のなかで教育を問う

二〇一七年十一月四日(土)午前十時〜　於・埼玉大学

七〇年以上教育とは何かを問い続けてこられた大田堯さんの『大田堯自撰集成』（全四巻、二〇一三—二〇一四年刊行）。このたびその補巻として、その思索の原点ともいえる、地域の教育現場を学び記録した集成『地域のなかで教育を問う』の新版が刊行され、刊行記念の催しがもたれた。

午前は埼玉大学の安藤聡彦氏の挨拶に始まり、大田さんの半生を描いた映画「かすかな光へ」の上映と、森康行監督、映画に登場された北垣憲仁氏（都留文科大学フィールド・ミュージアム）、神惇子氏（中国山地の人々と交流する会）、吉田達也さん（ほんごう子ども図書館）、宮本恵美さん（川口太陽の家・工房集）のお話。午後はフリーアナウンサー・山根基世さんの講演と「ごんぎつね」の朗読。玉木信博さん（ワーカーズコープ）のご挨拶、そして最後に大田氏がご挨拶をされた。

大田氏の集まりらしいのびやかな雰囲気のなか、学生、大田さんの友人・知人、関連団体の人々が一堂に会し、大講義室は超満員の熱気。「いのち」を第一においた大田さんの教育哲学に共感した多くの方がこの場に集まったことが、確かな光であると実感した。（記・編集部）

一月新刊予定

話題作『ルーズベルトの責任』の姉妹篇

## 「戦争責任」の研究

一九三〇年代のアメリカ外交政策

Ch・A・ビーアド

開米潤・丸茂恭子訳

第一次大戦後、国際連盟加盟を拒否した「孤立主義」のアメリカが、第二次世界大戦開戦を防げず、参戦に至ったのはなぜか。一九三〇年代アメリカ外交政策を徹底検証し、国民に対して「平和」を唱えながら、参戦可能な国へと密かに舵を切ったルーズベルトの「責任」に迫る。

ブルデュー、社会学を語る

## 社会学の擁護

社会学者と歴史学者

P・ブルデュー＋

R・シャルチエ

加藤晴久・倉方健作訳

没後も多大な影響力をもつ社会学者ブルデューの、歴史学者シャルチエとの対談（一九八七年）、及びコレージュ・ド・フランス就任講義（一九八二年）から最晩年の受賞講演（二〇〇〇年）までの三講演を収録。一貫して「社会学とは何か」を問い続けたブルデューとその社会学への、格好の入門書。

戦前のサルトルから戦後のサルトルへ

## 敗走と捕虜のサルトル

『バリオナ』『捕虜日記』『敗走日記』

J-P・サルトル

石崎晴己訳

対独戦争から捕虜生活の一八カ月は、サルトルの生涯で最も波乱に満ち、最も多産な時期でもあった。ドイツの捕虜収容所内で執筆・上演された実質的処女戯曲『バリオナ』と、兵士サルトルの敗走と、それに続く捕虜生活を綴った二点の日記の邦訳に、それぞれ詳細な論考・解説を付す。

教育の真の民主化のために

## 教師と学生のコミュニケーション〈増補新版〉

P・ブルデューほか

安田尚訳　新版解説＝苅谷剛彦

学生たちの言語的理解を阻むものはなにか？　ブルデュー教育社会学の原点として『遺産相続者たち』と対をなす古典的名著を大幅改訳！　メリトクラシーの進む現代に新たに再文脈化する苅谷剛彦氏の新版解説を増補し、待望の復刊！　すべての教育者必読の一書！

＊タイトルは仮題

## 12月の新刊

タイトルは仮題、定価は予価。

**多田富雄コレクション**（全5巻）
**5 寛容と希望**　未来へのメッセージ ＊　完結
解説＝最相葉月・養老孟司　口絵4頁
四六上製　二九六頁　三〇〇〇円

**明治の光・内村鑑三** ＊
新保祐司
四六上製　三九二頁　三六〇〇円

別冊『環』㉓
**江戸―明治　連続する歴史** ＊
浪川健治・古家信平編
菊大判　三三六頁　三八〇〇円

**胡適 1891-1962** ＊
中国革命の中のリベラリズム
J・B・グリーダー　佐藤公彦訳
A5上製　五八四頁　八〇〇〇円

## 1月以降の予定書

**金時鐘コレクション**（全12巻）発刊
**2 幻の詩集、復元にむけて** ＊
詩集『日本風土記』『日本風土記Ⅱ』
金時鐘
推薦＝鵜飼哲　金石範　高銀　佐伯一麦　辻井喬　鶴見俊輔　吉増剛造　四方田犬彦
編集協力＝細見和之・宇野田尚哉・浅見洋子
〈解説〉宇野田尚哉（Ⅰ）・浅見洋子（Ⅱ）

**「戦争責任」の研究** ＊
一九三〇年代のアメリカ外交政策
Ch・A・ビーアド
開米潤・丸茂恭子訳

**社会学の擁護** ＊
社会学者と歴史学者
P・ブルデュー＋R・シャルチエ
加藤晴久・倉方健作訳

**敗走と捕虜のサルトル** ＊
『バリオナ』『捕虜日記』『敗走日記』
J-P・サルトル　石崎晴己訳

〈増補新版〉**教師と学生のコミュニケーション** ＊
P・ブルデュー ほか　安田尚訳

**同盟**（アライアンス）
米英ソ、第二次大戦の虚虚実実
新版解説＝苅谷剛彦
J・フェンビー　河内隆彌訳

## 好評既刊書

**資本主義と死の欲動** ＊
フロイトとケインズ
G・ドスタレール＋B・マリス
斉藤日出治訳
四六上製　二六四頁　三〇〇〇円

手紙を通して読む
**竹山道雄の世界** ＊
平川祐弘編著
A5上製　三八四頁　四六〇〇円　口絵4頁

**男のララバイ** ＊
心ふれあう友へ
原荘介
四六上製　三八四頁　二八〇〇円

**海 マーレ mare** ＊
武田秀一
四六上製　四九六頁　三二〇〇円

**「地政心理」で語る半島と列島**
ロー・ダニエル
四六上製　四〇〇頁　三六〇〇円

**テクノクラシー帝国の崩壊**
「未来工房」の闘い
R・ユンク　山口祐弘訳
四六変上製　二〇八頁　二八〇〇円

**時代を「写した」男**
**ナダール** *1820-1910*
石井洋二郎
A5上製　四八八頁　八〇〇〇円　口絵76頁

**多田富雄コレクション**（全5巻）
**4 死者との対話**　能の現代性 ＊
解説＝赤坂真理・いとうせいこう
四六上製　三二〇頁　三六〇〇円　口絵2頁

＊の商品は今号に紹介記事を掲載しております。併せてご覧戴ければ幸いです。

## 書店様へ

▼12／3(日)『毎日』書評欄で、**石井洋二郎『時代を「写した」男 ナダール』**が本村凌二さんに絶賛大書評！「ナダールのまなざしは昨今の歴史家が唱える社会史の核心をついている」。▼11／7(火)『毎日』「論の周辺」欄で、**中村桂子『いのち愛づる生命誌』**が大きく紹介！「生命論的世界観は一層重要さを増していると感じた」。理工のみならず人文・社会でもぜひ大きくご展開を！▼刊行以来各紙誌絶賛の続いておりました**石牟礼道子『完本 春の城』**が忽ち大重版！在庫のご確認を。▼北朝鮮のミサイルや漂着船が話題になっていますが、理解不能な「狂人国家」とのみみなして思考停止していないでしょうか？**小倉紀蔵『北朝鮮とは何か』**や**ロー・ダニエル『「地政心理」で語る半島と列島』**などを軸にフェアをぜひ！パブリシティ乞ご期待。▼11／28**『竹山道雄セレクション』**完結記念のシンポジウムありました。**『手紙を通して読む竹山道雄の世界』**も刊行、真のリベラルな言論とは何かを考える貴重な機会でした。各紙誌での紹介必至。（**営業部**）

## ニュース

# 新保祐司さん、正論大賞受賞！

文芸批評家の新保祐司さんが、昨年の木村汎さんに続いて、今年の正論大賞（フジサンケイグループ主催）に選ばれた。独自の批評の活動はもちろん、戦前に、北原白秋作詩・信時潔作曲の交声曲「海道東征」の復活公演に尽力されたことが評価された。そのエッセンスは小社から昨年出版された『**「海道東征」への道**』に収められています。新保さん、おめでとう！

# 槇 佐知子さん、日本学賞受賞！

本誌に連載中の古典医学研究家・槇佐知子さんが、第5回日本学賞（日本学基金理事長・中西進氏）を受賞されました。『医心方』全三十巻（33冊で出版）の全訳精解を評価され、筑摩書房との共同受賞です。小社から今春出版した『**『医心方』事始**』は、膨大な『医心方』の全貌を俯瞰できる一冊です。心よりお祝い申し上げます。

## 出版随想

▼今年も残り少なくなった。出版業界の低迷は益々酷い状態になっている。売上げの面では、二十年前のピーク時の半分、しかも年々数%下落しているという状況だ。しかし問題は、売上げの面だけではない。そもそも出版という事業は、売上げだけで推し量れるものではない。数年前、ユニクロ一社と出版業界の全売上げがイコールになった時、仲間と苦笑いしたことがあるが、今やそれも遠く及ばない。

▼出版の自由は、言論文化を支える重要なものであることは言うまでもない。つまり、出版は、人間社会の大切な文化なのであって、経済優先の視点だけでは困るのだ。しかし、いつの間にかこの業界では、ベストセラーが優先し、多品種少量であるものが、大量に売ることが半世紀以上前から優先されてきた。やはりこの時が危機の始まりだったのだろう。出版の原点を見失ってしまった半世紀である。

特に九〇年代以降、生活必需品同様、低価格に拍車がかかり、安くして大量に売る、大量に売れた本がいい本だ、という常識を出版業界自らが作っていった。この路線が今日まで継続し、今や本は千円程度の安い物は買うが、それを超えて必要なものは図書館で借りよう、が常識になった。

▼出版界全体が凋落の様相を呈している。周囲の責任ではなく、この業界に参加する一人一人の人間が、出版の原点を見直すことからしか恐らく立ち直ることはできない。それ程、この病は、重症である。一年や二年で作られてきたものではなく、半世紀かけて作られてきたものであるからだ。事は深刻だ。

▼今こそ、出版とは何かを真剣に考え直さねばならない。本を読むことは、自己の成長にとっていかなる影響を及ぼすのか？　書物を通して、先人の生き方や考え方を学び、自己の見識を広める。その時に重要なことは、頭（知性、理性）だけではなく、躰全体を通して、その書を読むと言うことだろう。あまりにも、知識偏重の時代を過ごしてきたわれわれにとって、知は重要ではあるが、全てではないということ、感性を磨くことこそ、われわれ人間という生き物にとってもっとも大事なことであることを知ることだろう。次代を担う人びとにも是非考えていただきたいことである。（亮）